經驗分享
技術分析學習之路

第1章

1-1 投資宏達電賠逾70萬元 立定目標學習技術分析

　　靠投資邁向財富自由，是很多人的目標，而從開始投資到穩定獲利，很少人能夠一步登天。許多成功的投資人，都是在跌跌撞撞之中，逐漸摸索出適合自己的投資系統，我也不例外。

　　我的投資啟蒙要從大學時代說起。因為大學念企管系，所以很早就接觸商業管理，以及初階的財經知識，所以在學校中很早就建立了一些職涯發展的觀念（詳見表1）。

　　第 1 階段》除了少數含著金湯匙出生的天之驕子之外，一般人的職涯發展，剛開始一定是用「勞力」賺錢；那是人生最辛苦的第 1 階段，也是付出與回報最不對稱的時期。耗費的工時最長，得到的薪資反而最少；明明付出最多心力，職場、老闆、客戶給予的回饋，也往往是最低的，這個階段也是所有人的必經過程。

表1 及早進入職涯第4階段，才能「用錢賺錢」
職涯發展4階段

階段	職涯核心能力	賺取收入方式
第1階段	勞力	從事職場初階工作，賺取基礎收入
第2階段	專業	工作能力升級，進而提升所得
第3階段	管理	成為老闆或公司主管，利用管理能力獲取收入
第4階段	投資	利用正確方法，用錢滾出更多財富

第 2 階段》隨著時間的發展和經驗的累積，最初階、原始的勞力會升級，變成某一種專業，這時候就會升級為用「專業」能力賺錢的第 2 階段；同時，可能也會培養出 1 項甚至多項專長，如語言、業務能力、溝通能力、法律、電腦、美術設計、音樂等。在這個階段，薪資或是勞務所得已經會比第一階段提升許多。

第 3 階段》如果能夠發展到第 3 階段，你所擁有的核心能力是「管理」，就能夠請人幫你賺錢。這時期可能分為 2 種情況：第 1 種是比較典型、也是一般人最熟悉的，就是跳脫勞工身分，晉升為老闆，僱用員工替你賺錢；第 2 種則是成為中高階主管，帶領團隊完成目標，並且共享團

隊的成果，也等於是請人幫你賺錢。在這個階段，收入會再度進行提升，但終究不能脫離要親力親為、需要在職場上拼搏的狀態。

第 4 階段》奠基於前 3 個階段的發展，按理應該會累積一些財富，於是乎很自然地會想要「用錢幫自己賺錢」，也就是所謂的「投資」。這時候賺的是資本利得的獲利，而金錢又是最忠實且不會背叛你的；你要它往東就往東，要它往西就往西，假如方法正確，錢會自己生出更多錢，自然也能累積更多的財富。

這 4 階段的排序，可能因為每個人的成長背景和條件而有所不同，或是混合存在，也可能顛倒進行；當然也可能一生當中，只存在第 1 階段或前 2 個階段。

而我在學生時期已經早早建立上述觀念，所以還沒進入社會之前，投資這件事情就已經在腦海中扎根；暗自想著，日後假如有機會累積到一定程度的資產，我一定要學投資。

很幸運地，大學時因為偶然的機會，搭上了當時流行的

網路小說潮，寫了幾本校園愛情小說，當時領到的版稅收入，成為我日後創業的基礎。

畢業後服完兵役出了社會，我只在職場上短暫待了一段時間，就告訴自己，不能老是停留在第 1 階段與第 2 階段太久，應該要趕緊跳往下一個階段，讓收入進一步提升。

靠著寫小說賺取的版稅，以及工作時存下的積蓄，我毅然決然地投入創業之路。我的創業路不算一帆風順，前 2 次都是沒賺到什麼錢就決定退場，結果在第 3 次創業賠了 100 多萬元。

當年我投入近 150 萬元開設咖啡店，初期經營狀況還算順利，原本期待只要成功損益兩平，日後就能輕鬆當老闆數鈔票。沒想到，過沒多久，台灣就掀起平價咖啡風潮，咖啡店的淨利率減半，經營得愈來愈辛苦。

就在 2004 年時，我遇到了人生中重要的貴人，他是 1 位從飯店退休的師傅，傳授了炸雞的技法及獨家配方。由於炸雞店的開店資金門檻不高，我也陸續開設了 3 家直營

店。而後有幸受到顧客青睞，也開啟了加盟機制並授權海外代理，逐漸形成了如今的連鎖餐飲品牌。

創業過程雖然起起伏伏，卻也累積了一些財富。於是，大學時種下的念頭，在這個時候開始發芽了——我要開始學投資。

股市新手第1次買鴻海，樂賺12萬元

2010 年上半年，偶然聽到新聞報導，鴻海（2317）集團在中國的富士康（後更名為富智康），連續發生員工墜樓事件，鴻海在短短 6 週內，股價從 154.5 元下跌到 110 元（詳見圖 1）。碰巧一位股齡很長的高中同學來家裡作客，閒聊中提到鴻海是一家好公司，可以逢低買進，我心想擇期不如撞日，那就是今天了。

我跟那位同學說：「你帶我去開戶吧！」開戶之後，我立即買進鴻海 10 張，每股平均成本約在 113 元左右，大約 1 週，鴻海就漲到 126 元，於是獲利了結。短短幾天竟然就賺了 12 多萬元，我忍不住想，這錢也太好賺了吧！

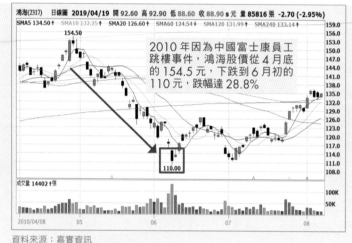

圖1 2010年上半年，鴻海股價一度大跌28.8%

鴻海（2317）日線圖

資料來源：嘉實資訊

如果一開始本金放愈多，不就賺更多嗎？投資果然比開公司還好賺，而且不用面對這麼多狗屁倒灶的事情。

押重注買宏達電結果大賠，從此認真學投資

嘗到甜頭之後，我的膽子就大了起來，來來回回交易不少股票。現在回頭來看，那段時間都處於台股大盤的多頭

趨勢及高檔整理，所以大概也沒出什麼亂子（詳見圖 2）。

　　累積了多次大大小小的獲利之後，也慢慢失去了戒心。當時我認為，既然股市處於上漲格局，就應該買當時最會漲的股票，才會有效率、賺得更快、賺得更多。於是乎我選中了 1 檔大家都知道的熱門標的，也就是當時的股王──宏達電（2498）。

　　當時宏達電已經漲到每股 700 多元，只不過憑藉一種匹夫之勇，和「有錢就是有膽」的心情，還是大膽買進 1 張；又很幸運地，宏達電一路漲到 900 多元，1 張就賺到 20 萬元左右。這樣來回幾次之後，心想乾脆重壓一把吧！

　　原本我投入股市的總資金大約在 300 萬元～ 400 萬元左右，單一股票也只會投入總資金的 10% ～ 20%。不過當時我被多頭氣氛沖昏了頭，從宏達電股價 900 多元開始一路加碼，最後 1 次加碼的價位在 1,250 元，總計砸下了將近 1,000 萬元。沒過幾天，宏達電就飆漲到歷史天價1,300 元，看到新聞報導外資仍然持續看多，也讓我完全沒有在高檔出脫的念頭。

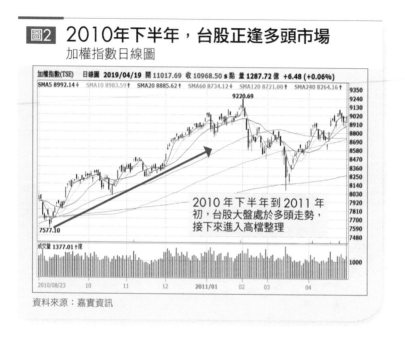

圖2 2010年下半年，台股正逢多頭市場
加權指數日線圖

2010 年下半年到 2011 年
初，台股大盤處於多頭走勢，
接下來進入高檔整理

資料來源：嘉實資訊

　　沒想到，宏達電股價再也沒有創新高。我印象非常深刻，短短幾天，帳上的「未實現損益」數字由賺轉賠，計入證券交易稅和手續費，帳上虧損已超過 70 萬元！

　　看到這個數字，我瞬間從過去幾個月的美夢中驚醒；這個時候，我做生意當老闆的經驗和本能救了我──按照公司經營者的邏輯，絕不會放任一家虧損的公司繼續虧損！

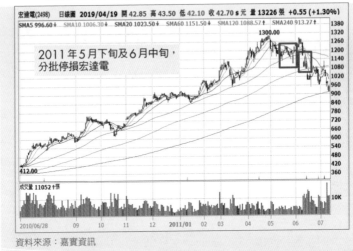

圖3　宏達電2011年股價飆漲到1300元

宏達電（2498）日線圖

2011年5月下旬及6月中旬，
分批停損宏達電

資料來源：嘉實資訊

我不可能眼睜睜看著資產一直減損，而沒有任何作為，我很快地決定認賠出場（詳見圖3、圖4）。

說真的，當時候連「停損」這個名詞都不知道，只覺得不趕快賣掉不行！記得整個2011年5月，宏達電都在1,150元～1,250元箱型盤整；而我在當年5月下旬和6月中旬分次賣出，最後仍一共賠了70萬元左右，之後我

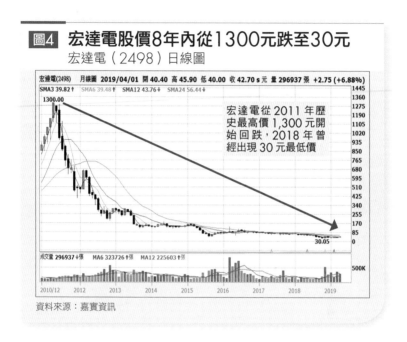

圖4　宏達電股價8年內從1300元跌至30元

宏達電（2498）日線圖

宏達電從 2011 年歷史最高價 1,300 元開始回跌，2018 年曾經出現 30 元最低價

資料來源：嘉實資訊

腦中空白了好幾天，那年我 33 歲。

做對4件事，僥倖未淪落慘賠下場

賠掉 70 萬元，其實只占我的總資產一小部分，但是對於踏入股市以來幾乎「買什麼賺什麼」的我來說，是個不小的打擊。我開始檢討，一開始能夠順利賺到錢，用相同

的方法，為什麼最後會變成賠錢？到底是哪裡出錯？

　　我很快的得到結論──其實我根本不具備任何投資技巧，憑藉的只是「感覺」。一開始能夠賺到錢，而且最後並沒有真的慘賠收場，除了「投資新手的運氣」之外，我想我也僥倖地做對了幾件事：

1.選到好股票危機入市

　　第 1 次買進鴻海就順利賺錢，其實就是所謂的「危機入市」──當好公司遇到倒楣事，而未損及公司本質，即為逢低買進的好機會。獲利關鍵是「選到好公司」，並且能夠判定該公司只是一時利空而下跌；但是想要反覆靠這個方法獲利，必須有配套的策略，才能提高勝率。

2.沒有買奇怪的股票

　　雖然我當時不具備任何投資技巧，不過在選股方面，我還是相當謹慎，只挑選比較有知名度的大型股投資。

　　鴻海、宏達電都是台股當中市值前 50 大的企業，其中，鴻海是全球電子業代工一哥，經營績效有目共睹；宏達電

則是生產 HTC 品牌手機，也是當時世界級的製造商。此外，我也買過聯發科（2454）、中鋼（2002）等該產業的龍頭企業，這類股票比較不會有流動性低而不易買賣的問題，也比較不會突然發生營運困難而倒閉的事件，一旦看錯股價方向而想要快速脫手，都不是難事。

3.沒有融資

　　雖然一心想在短期內盡量取得高獲利，不過我一向不喜歡借貸，因此始終以自有資金買進現股，完全不碰融資等槓桿工具。

　　事實上，我連過去創業、買房，也都不曾向銀行申請貸款。我認為，有多少錢，就做多少事。融資的好處是看對方向時，可以用較少的資金獲得相對高的報酬率；相對地，也會在看錯方向時，產生較大的損失。我很感謝當時的自己只用現股投資，否則可能會遭遇更慘烈的虧損。

4.果斷停損

　　時至今日，我仍然很慶幸能有宏達電這堂課的教訓，倘若那個時候一路都沒停損，放任虧損擴大，上千萬元的部

位,最後恐怕所剩無幾,把辛苦創業累積的資產賠掉大半。

重新歸零廣泛學習,選擇走上技術分析之路

遇到困境,才會想要認真學習跟檢討。檢討我投資宏達電所犯下最大的錯誤有 2 項:

錯誤1》缺乏投資策略和工具

說穿了,我剛開始買股票時,只知道怎麼下單;買或賣,也僅是憑感覺罷了,對於各種投資策略一竅不通。也因此,當股價已經沒有續漲動能時,仍傻傻地不想下車。

錯誤2》盲目放大部位

相同的報酬率,投入本金愈高時,獲利的實際金額也確實比較高。不過,市場是公平的,當虧損發生,投入愈多本金,自然也會產生鉅額的虧損。

經歷了一段時間的沉澱之後,我知道有 2 條路可以走:遠離股市、或是在股市找到穩定獲利之道,毫無疑問地,我選擇了後者。

　　我開始積極涉獵各種投資理財的知識。坊間可以買的書、能上的課、能聽的演講，我都盡量去學習，前前後後曾經報名 15 位老師的投資課程。那段學習的時間，雖然不是到研究所進修，但我把自己歸零到像學生的狀態，每天規定自己要讀書、解盤、交易、記錄……，把眾多投資商品如基金、股票、保險、房地產、黃金、外匯等，全都理解了一遍。

　　最後發現，股票還是最適合我。而且股票有很多優點，包括流動性佳、有技術面工具可以使用等，和其他投資標的相比，也相對能受到主管機關監督，資訊更是相對透明。

　　而股票的投資派別又分為基本分析、籌碼分析、技術分析等。剛開始我也曾使用基本分析，從公司的財務、產業等基本面條件選股，想賺取長線獲利。

　　不過，當我開始學習技術分析之後，我認為這個方法更適合自己。只要用對技術指標，就能夠在股價波動之間，有效率的賺取價差利潤。特別是掌握到股價即將陷入盤整或轉為下跌趨勢時，就能夠迅速出場，成功保有獲利或將

損失減到最低。

　　也可以這麼説，觀察公司基本面長期持有股票，投資人的獲利是掌握在公司經營者手中；然而看技術面操作股票，獲利是掌握在投資者自己手中。而對我來説，可掌控性、具備高效率的技術分析，更適合我的個性。從此，我開始認真鑽研技術分析技巧，投資勝率也逐漸提高。

　　現階段我的投資方法仍以技術分析為主，同時加入了消息面、籌碼面等輔助方法。近年投資勝率已提高到 80% ～ 90%，單次獲利從 15% ～逾 60% 不等。而從 2015 年，也就是我 37 歲那年開始，從投資獲得的收入，已經正式超越本業收入，算是達成了我心目中的「財富自由」。

1-2　摒除一夕致富想法
　　才能逐步征服股海

許多投資人的歷程都非常相似，起初接觸投資時，都是亂買、亂賣；持續一段時間才發現根本沒賺到什麼錢，提醒自己該做點功課了，才願意開始認真讀書、上課，依樣畫葫蘆。

在開始學習之後，大多處於一知半解的狀態，頂多是粗略認識一些股票世界中的名詞和知識，卻不能靈活運用，也缺乏有效的交易系統；看到股價漲跌都很容易緊張，投資過程仍然賺賺賠賠，無法穩定獲利。

如果有決心繼續鑽研投資技巧，隨著經驗的累積，就會進入下一個階段。

此時看盤情緒慢慢穩定，技巧也有所進步，只是勝率大約只維持在 50% 左右，無法有效提升，但是已經不太會賠

大錢了。

接下來若能更上一層樓，就會逐漸建立起自己的操作和交易系統，並且能夠果斷的交易，勝率提升到 75%。到這個階段，其實已經能穩健獲利；儘管無法一次性賺到較大的波段，但是每年大致上都能獲得正報酬。

經過長時間的磨練，交易系統更臻成熟，就會機會突破瓶頸，選股或擇時進出的精準度都能大幅提升；此時不只能在短線交易獲利，有時也能夠賺到大的波段。

1 位成熟的投資人，大致上都會經歷上述的過程，正好也能對應到美國著名投資家傑西‧李佛摩（Jesse Livermore）於著作《股票作手回憶錄》中所說：「股市交易員會經歷的新手、半老手、老手、神手等階段。」而我認為，最後應該還有一個更終極的階段，請容我將此定義為「超神手」（詳見表 1）。

超神手的境界即沒有把握絕不出手，而只要一出手就幾乎能獲得正報酬，差別只在「大賺」或「小賺」，投資賺

表1 成熟投資人多會經歷摸索階段

各投資階段表現比較

投資階段	成熟度	情緒	行為
新手初期	尚未學習	漲跌無感	不知為何買賣，全憑消息和感覺，把股市當賭場。沒設定停損，處於一種極為危險的狀態，容易大賠；也容易在此階段決定放棄，從此遠離市場
新手中後期	剛開始學習	漲也緊張、跌也緊張	略通初階知識，表面上好像懂，但其實一知半解，並未潛心深入學習；進退無據，有時大賠，有時小賠
半老手	稍有基礎	漸趨穩定	用功學習並且慢慢熟悉投資工具，但準確度只有50%，加上不夠完全紀律，績效不佳，偶爾還會懷疑自己該不該學股票，但以小賠居多，已經不大會大賠
老手	初步成熟	冷靜	大多數能遵守紀律，但無法長抱股票，專業技術成熟，而且準確度可達75%以上，雖然以小賺小賠居多，但每年都能正報酬
神手	完全成熟	心情平靜	趨近完美，長線、短線都能得心應手，大賺小賺都可以達到。無論是採取何種投資法，都能優游在基本面、消息面和技術面之間
超神手	未知領域	像是生活的一部分	以大賺為主，小賺為輔，為所有投資人終極目標

錢幾乎如同呼吸般簡單。

　　從新手起步，最後蛻變為優秀而成熟的投資者，所花費的時間不盡相同。過程中一定得不斷要求自己、精益求精，否則很可能會長時間停留在新手時期，在市場中載浮載沉。

找到最適合自己的投資方法，就有機會成功致富

　　如果不希望自己永遠停留在新手階段，必須先把「一夕致富」的念頭從腦海中摒除。

　　新手一定有這樣的經驗，看到新聞說某檔股票業績大爆發、股價持續創新高，或是聽到股市解盤節目說某檔股票連續大漲，就急著跳進去買，希望也能跟上這波漲勢。

　　結果呢？幸運一點可以在買進之後，就賺個 5%、10% 獲利了結出場；運氣差一點，則是一買進就下跌，賠錢收場。也可能買進後先被套牢，等到股價漲回買進成本價就急忙賣出，沒賺沒賠，白忙一場。老是用這樣的做法買賣股票，根本很難賺到大錢。

　　台股處於多頭市場時，具有爆發性的股票，1 年要漲
30%、50%，甚至 100% 以上都有可能。不受資金青
睞、缺乏題材的股票，一整年的股價波動也可能不會超過
10%。而即使在多頭市場，也必定有股票會走空頭趨勢。

　　股票市場很凶險，但也充滿機會。要抓到賺錢的股票，
其實方法有很多種，而你必須找到最適合自己的方法，才
有辦法持續操作、不斷精進，反覆賺取獲利。

　　平常在教學時，曾遇過學生提問：「學股票這件事情，
有先天資質高低之分嗎？」「我會不會永遠都沒辦法學會
靠股票賺錢？」

　　回答這個問題之前，我想做一個比喻，或許大家比較容
易理解。多數朋友都有去過 KTV 唱歌吧？通常去 KTV 的朋
友，大部分都是歌藝普通，只有少數人是天生歌藝好，當
然也有極少數人是五音不全，但是極端的好與不好，都是
少數。

　　歌藝普通的人，如果幸運一點，音會比較準、音域比較

廣、音質也不錯、中氣又足，學起歌來容易突破或進步。而會走音、老是唱不上去，或是音會飄的朋友，能不能學會把歌唱好呢？

　歌藝不盡人意的朋友，在 KTV 裡要求的是什麼？應該不會想要像歌神一樣，能夠到小巨蛋舉辦萬人演唱會；只要能練好幾首自己能掌握的「主打歌」，在 KTV 交誼時能有個穩定的表現，大概就足夠了。

　這樣的目標透過反覆的練習，是絕對做得到的；例如選幾首適合自己的歌曲，選對練習方法或指導老師，下苦心磨練，一定有機會達到目標。只是他們的學習過程，必然比資質中庸或是特優的人，來得更加辛苦。

　歌唱專業是無窮無盡的，人的時間、精力和能力有限，所以必然要清楚自己的極限，而不是盲目追求完美無瑕的境界，也不用學會所有歌、不需要專精每一種歌唱技巧。

　清楚自己的音域，找到適合的歌路，反覆練熟特定幾首歌，每一次在 KTV 都能順利把歌唱好，賓主盡歡就足夠了。

　　股市投資也一樣，我們不得不承認，人各有所長；有人先天具備學習的優勢，但是也不代表較不具備優勢者，就永遠沒有賺錢的希望。

　　如果只是希望讓資金活化，賺取合理利潤，那麼，有系統、有方向地學習一套相對簡易、單純的投資方法，並不會太難做到。更重要的是，這個方法必須在自己的「能力圈」之內，也就是靠自己的力量就能夠駕馭的範圍。

　　以我個人為例，我沒有選擇近年很受歡迎的被動投資法或存股法，主因在於，我認為以技術分析法投資股市，具有高度可掌控性，最符合我的個性；經過多次嘗試後，我也發現這個方法確實在我的能力圈以內。確定了方向之後，我也才能夠持續去鑽研、優化這套交易系統，反覆在股市中提取理想的報酬。

　　一位投資人在到達穩定獲利的境界之前，都勢必持續學習、反省、改正錯誤；若無心檢討自己，老是怪經濟環境不佳、怪政府沒有出手救市，那麼永遠都不可能進步，更別說是想靠股市致富。

　　這就很像是歌藝不精的人，老是走音、唱不上去，又不肯下苦功練習，反而怪音樂太大聲、怪麥克風收音不好，自然也不會有進步的機會（唱歌只是比喻，不是對走音的朋友有異議，請多包涵）。

投資方法尚未成熟前，應避免盲目放大投資部位

　　在還沒有確認適合自己的投資方法之前，還要注意避免犯下「盲目放大投資部位」的錯誤。

　　會犯這種錯誤的人，多半會被這種想法沖昏了頭：「本金 10 萬元獲利 20%，只能賺到 2 萬元；本金 1,000 萬元獲利 20%，就能賺到 200 萬元！」

　　同樣的報酬率，用更多的本金，確實能夠賺到更多的金額；不過，這只適合投資方法已經成熟的投資人，對於尚未成熟的投資新手來說，任意放大投資本金是極危險的。

　　只要換個方向想，如果買錯股票或看錯趨勢，跌一根停板 10%，投入本金 10 萬元只損失了 1 萬元；但是本金若

是 1,000 萬元，就是損失 100 萬元！可怕的是，若因短時間下跌而被嚇得不敢出場，後果不堪設想。

可能有人會認為，這個例子舉得不好。如果身上有 1,000 萬元閒錢可以用，還需要投資嗎？只要節省一點，不就能輕鬆過下半輩子了嗎？

事實上，當你身上有 1,000 萬元時，很少人會因此滿足，而是希望能將 1,000 萬元再變成更多錢。

我曾經遇過 1 位學生，25 歲就創業，40 歲就累積了 5,000 萬元的身家。他在 40 歲又再度投入新事業，只是這次並沒有之前的幸運，不僅賠光了 5,000 萬元，還倒欠銀行 1,500 萬元。

有錢人通常會希望更有錢，會想辦法盡量活化資金，若不是選擇創業，就會選擇投資。一旦用錯方法，很容易分別陷入「創業循環」和「盲目投資」2 種漩渦之中。

何謂創業循環？當創業成功了，獲利進了口袋，接下

來也多半就是繼續創業、賺錢；又將獲利再投入新創事業……，進入一次又一次的創業循環。

而不管過去的事業有多成功，每次創業都是新的開始。稍有不慎，即使過去經歷 10 次的成功，都不能確保下一次還能繼續成功。

再者，隨著年齡、經驗和資產的增加，每次創業的規模，也通常會比之前的規模更大；只要踩到一次地雷，過去多年的努力可能就會化為烏有！若再倒楣一點，一次的失敗恐怕就會賠上過去累積的所有心血。

若選擇投資金融商品，也很容易聽從他人的不專業建議，掉入「盲目投資」的漩渦。

例如，到處聽小道消息，買到被炒作的股票，總是套牢在高點；或是遇到不肖的理財專員，對方不會提供有效建議，而是推薦能讓他獲取高額佣金的金融商品；甚至是金融掮客，引介購買沒有台灣主管機關監督的海外金融商品等，都很容易投資愈多、賠愈多。

　　因此，投資是否成功，與你原本是不是有錢人無關，也不用非要跟他人比較輸贏。找到適合自己的方法，穩紮穩打練習，定有機會在股市裡找到屬於你的致富之道。

建立基礎——
投資之前做足準備

第2章

2-1　避免4種輸家心態 擺脫賠錢循環

「明明買同一檔股票，別人可以賺錢，為什麼偏偏只有我賠錢？」

「為什麼我買進股票後，股價就開始下跌，賣出後就會上漲？」

「我有被套牢很久的股票，反正不要賣掉，就不會真正虧損。」

當你有這些想法，很可能已經掉進賠錢的循環裡，怎麼做、怎麼錯，毫無策略可言。其實，只要有紀律的使用一套完整的交易系統，就能擺脫這個循環。

但是，為什麼很多人做不到？關鍵原因就是「心態不正確」。根據我的觀察，總是賠錢的投資者，多半會有以下

4種輸家心態：1.毫無學習經驗就想投資、2.輕易使用財務槓桿、3.使用錯誤操盤法、4.把投資股市當成「玩股票」。想順利踏出成功投資的第一步，就得將這些心態徹底摒除。

心態1》毫無學習經驗就想投資

在教學的時候，我都會做這樣的比喻：「請問大家投資股票容易呢？還是開車容易呢？」幾乎沒有例外的，全數的學生都會回答是開車比較容易。

接著我會問：「你還記得你進入股票的投資，是怎麼開始的嗎？」多數人可能都會覺得這問題真是好笑至極，也可能率性地回答：「帶著雙證件與印章，去券商開戶，然後就開始了！」我再問：「你還記得你開始開車，是怎麼開始的嗎？」答案就不這麼簡單了，大家開始七嘴八舌、迫不及待地分享經驗。

大家多會花錢到駕訓班學開車，按教練做的記號，從直線駕駛到倒車入庫，按部就班學習。取得駕照後，還會先

由親友陪同到平面道路持續練習，經過一段時間後才敢獨立駕駛，摸索出自己的駕駛方式，逐漸收放自如。

然而，即使經過多次的練習，仍不能預估會有什麼突發事件，也無法保證永遠不發生交通事故；所以，只要一到車水馬龍的道路上，都要隨時戰戰兢兢、謹慎駕駛。

經驗豐富的駕駛人，會想辦法盡量降低可能的傷害，例如事前買齊保險，轉移可能的財務風險；開車上路前，先做好車況檢查。若真的遇到事故，也有能力快速應變。

相反的，假如什麼都不會，完全沒有經過學習，只給你一把鑰匙和一輛車，就叫你開車上路，會發生什麼事情？幸運一點還可以平安到達目的地，一不小心，恐怕會造成難以預料的災難！

一般人買賣股票就是這樣！開戶之後就直接進場買賣股票，毫無策略，損失慘重原本就是可預料的結果。

如果你也總是在股市當中賺不了錢，先問問自己──你

是否在股票的世界中,花過對稱的時間學習和模擬演練?
而在賠錢之後,若始終不願意付出心力學習,同樣的慘劇
只會一再發生。

心態2》輕易使用財務槓桿

有經驗的投資人,學得愈深,對股市愈是戒慎恐懼。但
是一般毫無經驗的散戶,說好聽一點是初生之犢不畏虎,
說實話根本是有勇無謀。賠錢後不僅用同樣的方式一錯再
錯,更可怕的是利用財務槓桿,企圖以小搏大,那將會進
一步陷入更大的風險之中。別說是賺錢,沒有傾家蕩產已
經是萬幸。

公司發行股票最原始的目的之一,是便於在公開市場籌
措資金,藉以擴張公司的營運規模,而我們每天進出的股
市,其實就是股票的二手市場。隨著交易走向電子化,買
賣股票愈來愈便利,讓大家很輕易地就能進場交易股票,
也讓大家輕忽了股市的凶險。

買賣股票不只相當便利,交易模式和金融商品也愈來愈

多元。像是正常的股票交易方式，是以全額現金買賣股票，稱為「現股交易」；若是手中現金不夠，券商還會借錢給你，也就是所謂的「融資」，投資人只要自備 4 成現金就能買到股票，賣掉股票後再將借來的 6 成金額加計融資利息還給券商。這種借錢投資的方式，就是一種運用財務槓桿的行為。

還有從股票衍生出來的金融商品，如指數期貨、股票期貨、權證、選擇權等，投資者不需要付出太高的資金成本，只要看對方向就能嘗到甜頭，也都具有相對高的財務槓桿。

但我會建議初學者，只做現股交易就好，因為交易規則最單純。融資買股及各種衍生性商品，會使用到財務槓桿，且有諸多限制，反而不利於學習。

舉例來說，融資買進股票後，股價大漲後獲利了結，報酬率當然比現股高出許多。反過來呢？當股價下跌，你所持有的股票市值對上融資金額的比率，一旦低於「融資維持率」（目前為 130%，也就是股價約莫下跌 22% 左右），券商就會發出「追繳」通知，要求你補繳金額，使融資維

持率提高到 166% 以上。要是沒辦法在期限內補繳，券商就會強制賣出股票，也就是所謂的「斷頭」。

至於槓桿更大的期貨、選擇權、權證等，也都各有不同程度的風險。然而，如果連「股票」都還搞不清楚，千萬不要輕易去碰觸這些衍生性商品。這樣形容好了，買賣現股，就像是在馬路上開車；使用財務槓桿，則像是開著超級跑車在賽道跟專業車手競賽，一般投資人往往只有被痛宰的命運，怎麼會有勝算？

所以在買賣股票前，我們不僅要努力鑽研知識和專業，扎實的累積經驗值；實際投入股市後也要留意，別任意擴張信用，投入自己不懂的商品。每次買賣股票前，都要像第一次在道路上駕駛時那樣戒慎恐懼、如履薄冰。

心態3》使用錯誤操盤法

容易賠錢的投資人，通常不會承認自己在亂買亂賣，但是要他説出自己是使用何種方法，又説不出個所以然。根據我觀察的結果，他們使用的「操盤法」，多半可歸納為

以下幾種：

1.感覺操盤法

　　每天都會盯盤，但是沒有客觀的分析和事前準備工作，純粹靠感覺評估，最常說的話就是：「我覺得鴻海（2317）應該可以漲到 200 元。」或「大盤跌得差不多，要漲了。」但是問他為什麼？他就會回答：「我覺得它太便宜，應該要漲到 200 元。」除此之外提不出其他立論依據，這些都是屬於用「感覺」操盤。

2.菜市場操盤法

　　根據左鄰右舍、婆婆媽媽，或是同事之間的耳語，得到一些小道消息，然後如獲至寶，貿然進場；殊不知常常是最後一隻老鼠，被主力作手當成出貨的對象。

3.幻覺操盤法

　　有些人會引用媒體、法人，甚至他自以為是內線的言論，用一種神祕的語氣告訴你：「宏達電（2498）會從 100 元漲到 200 元。」過度相信所謂有力的資訊，而陷入一種宗教式的迷信，導致出現幻覺，認為一檔股票非得漲到多

少錢不可。

4.捕風捉影操盤法

獨立思考，誰也不信，只片面的擷取各種資訊來源，組成一套自己覺得最好的資訊組合。獨立思考是對的，只是新手對消息資訊往往判讀力不夠，綜合各方言論，最後卻成了四不像。例如，選對了股票，也在不錯的價位買進，卻因為看到某個消息，沒有仔細判斷後失去信心、過早賣出，最終錯失了賺錢的機會。

5.自以為是主力操盤法

有些人偏好計算籌碼，總想著自己可以跟主力大戶同進同出。我在教學時曾經對學生做過多次簡單的統計，我問：「請問各位，會想要讓你的另一半，知道自己每天的進出標的及賺賠情況的請舉手？」舉手的人總是寥寥可數。

這就對了，面對親密的另一半，你都不想讓他知道進出的細節了，怎麼會這麼天真地認為，主力作手會單純到讓你知道他進出的成本、張數，還有帳戶呢？小規模的主力作手，可能就有幾十個人頭帳戶；規模大一點的，擁有

100 個～ 200 個帳戶比比皆是，根本無從分析判斷。

6.莫名其妙操盤法

最後一種是我戲稱為「集大成」的操盤法，也就是上述各種毛病全都犯了。投資績效和最後的下場會是如何，想必大家都心知肚明了。

心態4》把投資股市當成「玩股票」

有時候講課時，我會跟學生說：「我都不把錢當錢看。」此時講台下就會開始交頭接耳，討論聲不斷，認為這個老師是不是太豪氣？竟然不把錢當錢看。

接著我會立刻補上一句：「我都是把錢當命看。」惹得學生哄堂大笑。

很多人過度輕視投資股票這件事，總喜歡說自己有在「玩股票」，把「玩」這個字作為買賣股票的動詞。其實，真正專業而且成熟的投資人，絕對不會用這個詞，而是用投資、交易來稱呼。簡單的用詞，其實透露著你對股票的潛

意識心理。對我來說，投資是要投入辛苦積攢的真金白銀，蘊含專業知識及心理素質的修練，怎麼能不嚴肅以對？

我只能認同 2 種人，把「玩」這個字眼和股票連在一起：

1.錢少到不行，全部賠光了，也不痛不癢；把買賣股票當成賭博，那確實跟「玩」沒什麼兩樣。

2.錢多到不行，1 秒鐘輸幾十萬元也沒在怕；因為即使一共輸了好幾千萬元，也僅是花掉總資產的零頭，胡亂買賣股票的行為確實也是在「玩股票」。

但是，我必須誠實地說，以上這 2 種人，都不可能長期在股市賺到錢。美國著名投資家傑西·李佛摩（Jesse Livermore）被譽為「有史以來最偉大的操盤手」，他把在股市交易的行為稱為「投機」，而他用什麼動詞來形容他在股市所做的一切？他用的是「奉獻」。

傑西·李佛摩的用詞，讓我感到非常震撼，他說：「你奉獻了多少，就會得到多少回報。世上每天都有成千上萬

的人在從事投機，但只有極少數的人願意為投機奉獻全部的時間和精力。絕大多數的人都在見招拆招碰運氣，並且還為此付出昂貴的代價。我從 15 歲時就一心一意研究這門學科。我的生命都奉獻給了它，專心一致且竭盡所能。」

奉獻這個詞，通常何時會用？大概只有對親人、愛情、或是宗教。可見，股市交易在這位一代大師生命中是多重要的事情。一般初學者可別再把「玩股票」這 3 個字掛在嘴邊了。

2-2 確立投資工具
紀律執行技術分析

　　所有成功的投資人都有一個共同點——紀律執行所信奉的投資工具。而投資工具各有不同，沒有好壞對錯，只要能夠使用自如、反覆於股市當中賺到錢，就是最適合你的。

　　按照各面向工具來分類，投資工具有 3 大主流：1.基本面分析、2.技術面分析、3.籌碼面分析；另外，還有消息面分析、產業面分析、總經面分析等，多用於輔助前述 3 大主流。

　　以近年熱門的價值投資來說，主要是以基本面分析作為選股工具（例如營收、獲利、利潤比率等財務數據和指標），再輔以產業或加上總經分析等；透過對產業環境和公司體質的分析，了解一家公司的未來發展及前景，並估算出公司的潛在價值，然後在相對便宜或合理價位時買進，股價過於昂貴時賣出，賺取波段或長線獲利。

也有基本分析派的投資人不熱中於波段交易，而是喜歡長期持有股票，這種投資行為被稱為「存股」，著眼於好公司的配股配息，進行中長線的規畫。由於基本分析最快可取得的參考數據是公司每月更新的月營收數字，若要了解公司的最新獲利數字，須等待每季更新 1 次的季財報。因此若單純依靠基本面分析，進行短線或波段操作，就不容易掌握股價的變動。

　　存股通常是相信所投資的公司能夠長期營運順利，獲利能夠維持或持續成長，才有信心長期持有，這須對產業及公司有深刻的了解。不過，公司的經營不是外部股東能夠掌控的，一旦公司真正發生嚴重危機，要等到季財報出爐才會看到最新財務數據。要是單純以每季更新的財報作為停損依據，股價往往已經從高檔回檔 20%，甚至更大的幅度，是相當嚴重的虧損，這也是我並未選擇基本面分析為主要投資工具的原因之一。

以技術面分析為主，籌碼面及消息面分析為輔

　　事實上，我認為所有投資工具當中，只有技術面分析是

表1 技術面分析可判斷買賣點

4種投資工具比較

	投資工具	功能
基本面	營收、獲利、利潤比率等財務數據和指標	研究內在價值，合理目標價，判斷中長期趨勢
技術面	K線、成交量、技術指標等	研究過去走勢，預測未來，找到轉折和買賣點
籌碼面	三大法人進出、融資券變化等	找到影響股價的背後力量，判斷未來漲跌強度
消息面	媒體、公司內部人士等傳達的消息	評估市場聚焦的人氣股

「交易工具」，可以幫助我們實際決定買賣的時間點，其他則都屬於「分析工具」。例如，使用基本面選到好股票，卻因為在不對的價位進出場，其實不太容易賺到錢。因此，我個人的投資法是以技術面分析為主要系統，不過也會按照交易週期的不同，適度納入籌碼面、消息面，甚至是基本面作為輔助分析工具（詳見表1）。

我個人最常使用的交易週期有2種：一種是為期1週～2週的「短線操作」，技術面的重要程度占80%，籌碼面占20%；另一種是為期1個月～3個月的「中線操作」，

技術面的重要程度占 70%，籌碼面占 30%（詳見表 2）。

　　若要執行 3 個月以上的中長線操作，或是 6 個月以上的長線操作，因為持有時間較長，則會再納入部分的基本面考量。由於本書會以我慣用的短線及中線操作為主，中長線以上的操作將不會特地多做闡述。

消息面分析可能已反映利多，不適合判斷買點

　　消息面的來源可能是電視、網路、報章雜誌等媒體，或可能是你所認識的公司內部人士等。

　　若在某一段時間內，媒體特別聚焦報導特定產業或個股，通常這會是近期資金特別青睞的標的，就可以視為「熱門題材股」，成為選股時第一個海選階段的選項之一（詳見 3-1）。

　　不過，消息面並不適合作為決定買賣的主要工具，因為我們所聽到的消息，可能是從媒體聽到分析師、投顧老師、名嘴、財經專家等專業人士的言論，也可能是親朋好友之

表2　根據交易週期搭配不同投資工具

交易週期與投資工具重要程度

交易週期	具體時間	投資工具重要程度			
		技術面	籌碼面	消息面	基本面
極短線	當沖或隔日沖	80%	—	20%	—
短　線	1週～2週	80%	20%	—	—
中　線	1個月～3個月	70%	30%	—	—
中長線	3個月～1年	70%	20%	—	10%
長　線	1年～3年	60%	20%	—	20%
極長線操作	3年以上	50%	20%	—	30%

註：「－」代表操作時不使用該投資工具，作者個人投資以短線和中線操作為主。

間的道聽塗說、捕風捉影等。從第一手核心消息傳到我們耳中，早已經過了好幾手；該上車的人早就已經上車，最後聽到的人很可能就這樣買在最高點。

甚至，利多早已反映完畢，股價呈現反轉下跌；不知情者還以為只是漲多回檔，急忙買進後發現股價怎麼動也不動，想等待重新上漲卻已是遙遙無期。

因此，當 1 檔股票利多消息頻傳，很可能是「利多出貨」，應該要保持警覺，已有持股者反而應該視為賣出的參考。

籌碼面分析用於縮小選股範圍，提高操作信心

籌碼面分析本身是一門獨立而龐雜的專業，倘若真的要潛心研究，恐怕單獨寫一本專書研究也不為過。

「籌碼」一詞，原本是指賭博場所當中，取代現金、用來投注的代用品。而在金融市場，上市櫃公司發行股票，如同將公司價值轉換成籌碼，因此大家也習慣將股票以籌碼稱之。

假設一家公司股本 10 億元，每股以 10 元發行，每張股票為 1,000 股，那麼這家公司就會有 10 萬張在外流通的股票。這些股票可以在公開市場上買賣，會在不同的持有人之間流動（公司、法人、散戶、主力作手等）。

股票市場很像一個生態系，由以下 4 類市場參與者構成：

1.公司派

公司經營者、內部人，會在第一時間知道公司經營狀況，擁有第一手、最領先的消息。

2.三大法人

①外資：海外投資公司或基金公司，擅長研究上下游脈動和產業趨勢，資金充沛。

②投信：國內的證券投資信託公司，也就是國內基金公司，專精於研究台股公司基本面。

③自營商：證券公司自營部，交易習慣為短進短出，也被視為「法人中的散戶」。

3.主力與中實戶

資金雄厚、實戰經驗豐富，常與公司內部人搭配拉抬股價，股本小的個股經常成為主力炒作的目標。

4.散戶

個人投資者，人數最多，多數缺乏一致性的策略和完整投資系統，喜歡跟隨消息面忽買忽賣。

在股市當中，買進力道大於賣出力道，自然就會推升股價上揚；相反的，賣出力道大於買進力道，股價就容易下

跌。而具有資金優勢的三大法人，若站在買方，連續且大量買進個股時（稱為「吃貨」），常會帶來一波漲勢；反之，連續賣出則容易導致股價下跌（稱為「倒貨」）。

因此，就有投資人專門研究股票在不同持有人之間的增減狀況，以及交易量的變化，藉以評估未來股價或指數可能上漲或下跌，這種投資工具則稱為「籌碼面分析」。

更進一步來說，籌碼面分析是研究股票流量與存量的變化，以及市場參與者的各自動作為何？包括有哪些人買進或持有？哪些人賣出或放空？藉由這樣的研究，評估未來股價或指數可能的上漲或下跌。

籌碼分析也發展出一些不同的流派及切入觀點，常見的有委買委賣 5 檔（從委託買進與委託賣出數量變化觀察買賣力道）、價量關係（例如股價創新高時，成交量也同步創高則可期待股價續強）、三大法人進出（三大法人是否有明顯連續買進或賣出趨勢）、融資券變化（僅有散戶能夠融資融券，融資增加代表多方散戶進場，籌碼流入散戶手中）等。

更進一步的籌碼分析指標則像是當沖比（當沖量占當日成交量的比重，比重過高則代表短線恐有較大震盪）、券商分點研究（研究資金雄厚的主力所在券商動向，若特定券商有異常買進或連續買進現象，則被視為主力進場訊號）、主力持股成本計算（從主力集中買進時間推算主力持有成本）等。

另外，也有人研究籌碼計算出的指標，例如買賣家數差（買進券商的家數減去賣出家數，負值代表股票流入少數人手中，視為大戶吃貨，股價可能上漲；正值代表流入多數人手中，視為大戶倒貨，股價可能下跌）、籌碼集中度（將成交量較大的券商買量減去賣量再除以平均成交量，當主力在一段時間集中買進特定股票時，籌碼集中度會變高，被視為股價可能上漲的籌碼面指標）等。

更高階者，會根據買賣技巧切入，鑽研誰在高檔出貨、誰在默默布局買進。或從買賣制度切入，研究公司買進庫藏股及減資（流通在外股票變少）、增資（流通在外股票變多）、董監事申報轉讓（研究董監事等公司內部人轉讓股票張數），藉此研判可能的漲跌方向。也有從買賣邏輯

切入，研判市場參與者是否在進行套利交易等。

籌碼面分析範圍既深且廣，所以才會有這樣的一句話：「新手看價，老手看量，高手看籌碼。」

根據我的觀察，若沒有精心鑽研，普通人想要單純利用籌碼面分析賺大錢是很有難度的。因為籌碼面分析也是一種「分析工具」，而非「交易工具」；只盯著籌碼面，不容易找到精確的買賣時機，畢竟我們很難分辨法人、主力大戶的真正意圖，原以為是搭便車，說不定根本是被當作出貨對象。

就算真的搭對車，也不易估算股價會漲多久、漲幅可能有多少；在缺乏信心的狀況下，當然很難參與到大漲波段，幸運小賺一些就急忙跳下車了。

我曾經看過 1 檔標的，主力吃貨長達 1 年的時間；過程中股價漲跌幅不大，1 年後股價才上漲。跟到這種股票，多半會在過程中失去信心，跟不到最後的大漲。更悲慘的情況，則是籌碼一路很好，而且是法人買進。散戶喜孜孜

地一直坐在車上，股價上漲了也不懂得獲利了結，最後股
價突然崩跌，吐回大部分漲幅，也不算是成功的投資。

　　就我而言，籌碼面分析並非用來決定買賣點；不過，在
選股流程中，籌碼面占有一定程度的重要性，可用來確認
買進或持有的信心（更進一步的應用，詳見 3-2）。

技術面分析可確認標的，並找出買賣時機

　　技術面分析（以下簡稱技術分析）起源於「道氏理論」，
這個理論是由 1 位 19 世紀的美國記者查爾斯・道（Charles
Dow）所創立（他也創立了《華爾街日報》及美股的道瓊
工業平均指數），他過世後，由後人將他的理論系統化整
理並著書出版。

　　道氏理論認為，股價已經反映了一切資訊，而股價的長
期趨勢一旦形成，就不容易改變。股價趨勢會在長期趨勢
（多頭市場、空頭市場或盤整，歷時數月到 1 年以上）當中，
同時存在著中期趨勢（歷時數週到數月）。例如在上漲的
多頭市場，過程中的中期趨勢也會出現回檔，但是回檔的

低點不會低於前一波回檔低點。

　　因此，多頭市場會呈現「高點一波比一波高、低點一波比一波高」的樣貌；相反的，下跌的空頭市場則呈現「高點一波比一波低、低點一波比一波低」。

　　此外，由拉爾夫・艾略特（Ralph N. Elliott）於 1930 年代提出的「波浪理論」（分析股價從上漲到下跌的規律性），以及約瑟夫・葛蘭碧（Joseph E. Granville）於 1960 年提出的「葛蘭碧 8 大法則」（從股價與移動平均股價的變化分辨買賣點），都是技術分析的重要運作基礎。

　　簡而言之，技術分析是藉由股價過去的變化趨勢，去判斷未來可能的走勢，這當中融合了統計學及群眾心理。股價是市場參與者買賣行為產生的結果，那麼觀察過去的股價演變，以及股價產生的技術面現象，就能夠幫助我們推敲市場參與者未來可能的行為，進而研判股價可能上漲或下跌。

　　因此，具備「技術面發動訊號」的股票，會被我納入選

股名單。什麼是技術面發動訊號呢？當 1 檔股票要上漲（可能是因為業績轉好，或是經營有轉機等各種原因，吸引法人、主力甚至大批散戶進場），很少只漲 1 天～ 2 天，通常會上漲一段時日。當股價明顯上漲，或是成交量大幅增加，都可能帶領著一波漲勢的開始。

要進一步觀察股票是否值得買進，一定要查看 K 線走勢，例如鎖定型態已經「打底完成」或「即將打底完成」的黑馬股；同時搭配均線、KD 等指標，觀察股價的上漲空間有多少、多空力道的強弱等，進而找到股價突破點，以參與底部反彈的上漲行情。對我來說，技術分析是股價的同時指標，有能力判讀，自然就能順利賺到價差獲利。

技術分析當然也有風險，尤其是股本小的中小型股，可能會受到主力大戶的人為操控，因而容易出現「騙線」；亦即主力刻意拉抬股價，使各種技術指標呈現多方架構，誘使散戶上車。另外，當股價位於盤整型態，技術分析也容易失靈。

嚴格來說，單純靠技術分析不容易賺到長波段的錢，若

想要執行 6 個月以上的長線操作，仍需要搭配基本面、籌碼面，有時候也要參考消息面。

不過，技術分析十分適合 3 個月內的短線及中線操作，雖然採取短打交易，卻可以積少成多。而且當我們遵守出場紀律，並不容易出現大幅度的虧損。

2-3 從K線與均線評估股價多空強弱

在進入實戰交易之前，先帶大家認識本書會用到的技術分析工具。熟悉之後，將能更快速了解本書的投資系統及實戰案例。

「工欲善其事，必先利其器。」目前智慧型手機普及，投資人習慣使用手機看盤、下單；使用起來固然方便，但是手機版軟體呈現的技術線圖可能被壓縮、不能同時開啟多個指標比對、日期縮放有區間限制、無法畫趨勢線等缺點，所以手機版最好只作為外出或通勤時簡單查看即可。若要達到理想的完整度和精準度，建議大家申請正式版本的電腦版看盤軟體，在分析線圖型態、評估技術指標、尋找買賣點時，會更加容易而且精確。

要申請軟體並不難，只要到證券公司開證券戶，就能下載證券公司提供的看盤軟體，使用自己的身分證字號免費

登入使用。以我個人為例,我是在華南永昌證券開戶,看盤軟體名稱為「華南 E 指發」,所使用的是嘉實資訊系統,本書技術分析圖形皆會使用嘉實資訊系統頁面舉例說明(各家證券公司使用的軟體系統則各有不同,開戶前也可以先行比較)。

從K線顏色一眼看出股價多空

技術分析最基本的工具是「K線圖」,是由一根一根的 K 線(或稱為 K 棒)所構成。

當你看到圖片顯示的是「日線圖」,那麼 K 線圖中每根 K 線都代表 1 個交易日的股價;當我們將 K 線圖的資料頻率,切換到「週線圖」,每根 K 棒則代表 1 週的價格;「月線圖」中每根 K 棒則為 1 個月的價格,可觀察到更為長期的股價變化。由於我的投資系統以觀察股價每日變化為主,因此本書會以查看「日線圖」為主。

K 線的顏色與形狀會由 4 種成交價決定──開盤價及收盤價構成最重要的「實體線」,最高價與最低價則可能會

圖1 出現紅K線表示收盤價高於開盤價

紅K線與黑K線代表的意義

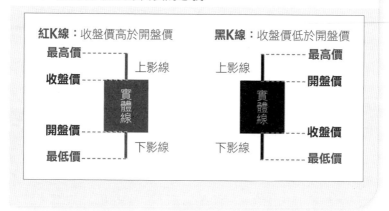

構成「影線」（詳見圖1）。因此，只要從K線就可以初步看出股價的強弱。

假設股票開盤時是60元，收盤是63元，因為收盤價高於開盤價，所以當天的K線會以紅色表示。若盤中最高曾漲到64元，最低曾跌到59元，那麼這天的K線就會有「上影線」及「下影線」。

然而，若這檔股票的開盤價就是當天的最低價，收盤價

就是當天的最高價，那麼這天的Ｋ線只會有實體線，不會出現上下影線；相反的，若是收盤價低於開盤價，那麼這天就會形成黑色Ｋ線（某些看盤軟體可能會以綠色呈現）。盤中最高價若高於開盤價，則留上影線；盤中最低價低於收盤價，則留下影線。而當股價出現「漲停板」，也就是從開盤到收盤全部都成交在漲停價，那麼Ｋ線就會呈現１根橫線；同樣的，若是以跌停價一價到底，也會呈現１根橫線。

　　以中美晶（5483）日線圖為例，上半部是Ｋ線圖，最右邊的Ｋ線是最新的股價；可以看到2020年1月2日為１根紅Ｋ線，收盤價103元，高於開盤價101元；盤中最高價104.5元形成了上影線，最低價100元則形成下影線。下半部則是成交量，顯示各交易日的股票成交張數（詳見圖２）。通常在查看Ｋ線圖時，會配合股價走勢、成交量變化一併觀察。

先觀察實體線，再以上下影線輔助判斷

　　Ｋ線既然呈現股價的變化，那麼我們也可以透過Ｋ線的

圖2 日線圖中，每根K棒顯示當日股價變化

中美晶（5483）日線圖

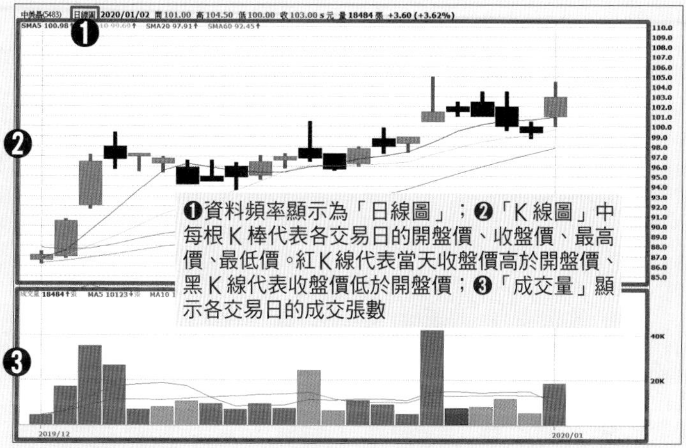

❶資料頻率顯示為「日線圖」；❷「K線圖」中每根K棒代表各交易日的開盤價、收盤價、最高價、最低價。紅K線代表當天收盤價高於開盤價、黑K線代表收盤價低於開盤價；❸「成交量」顯示各交易日的成交張數

資料來源：嘉實資訊

形狀，初步判斷股價展現的多空力道；優先觀察「實體線」的樣貌，再根據上下影線的長短做輔助評估。

若收盤價高於開盤價愈多，且沒有上下影線（或上下影線很短），2個價格之間差距愈大，實體紅K線就會愈長，即為「中紅」（約為收盤價高於開盤價3%以上）或「長紅」（約為收盤價高於開盤價達5%以上），顯示多方力道愈強；

反之，則呈現為「中黑」或「長黑」，黑 K 線愈長，空方力道愈強。

　　若收盤價等於開盤價，且盤中又有最高價、最低價，存在著明顯的上下影線，使得 K 線呈現出如同「十」字的樣貌，就代表多空力道拉鋸、呈現平衡，看不出強弱。

　　這些 K 線也有各自的暱稱，例如長紅棒被稱為「大陽線」、長黑棒為「大陰線」，十字線稱為「十字星」等。許多初學者常因為這些特殊的名稱而對技術分析望之卻步；其實，並不需要特別背誦這些名稱，只要了解它們的多空強弱關係即可；記住一個關鍵：實體線愈長，代表多空力道愈強，長上下影線則代表多空拉鋸大（詳見圖 3）。

觀察K線須搭配成交量，才能進一步解讀

　　K 線雖然呈現股價的多空與強弱，不過同樣的 K 線，若出現在不同的股價位階，就須配合成交量做出不同的解讀。

　　當股價已經明顯上漲一大段，我們會說股價位於高檔、

圖3 K線形狀可初步判斷多空力道

K線與多空力道的關係

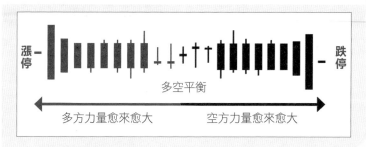

漲停

跌停

多空平衡

多方力量愈來愈大　　　　　　空方力量愈來愈大

位階較高。而當股價在高檔爆大量（成交量明顯大增），且K線呈現「中長黑」（收盤價低於開盤價達 3% 以上），或是有長上影線（若上影線很短則可忽略），就是一個很大的警訊！因為代表股價漲到這裡，出現大批獲利了結賣壓，股價可能漲不太上去，可開始準備找賣點。

那麼，高檔爆大量若是呈現「中長紅」（收盤價高於開盤價達 3% 以上），或是有長下影線呢？此時反而要保持觀望，因為既然已經漲高，爆大量顯示有許多人追高買進，也有人獲利了結，空手者也不必急著追高（詳見表 1）。那麼，成交量出現什麼情況可以稱為「爆大量」？由於每

表1 高檔爆大量出現中長黑，恐有下跌危機

不同股價位階的K線解讀

高檔爆大量		低檔爆大量	
一定不好		一定好	
中長黑 長上影線	高檔出現大批獲利了結賣壓，股價上攻力道弱，可找賣點	中長紅 長下影線	出現在股價低檔或上漲初期，可視為投資人具備較強的信心，可搭配其他技術分析工具留意買點
不一定好		不一定不好	
中長紅 長下影線	須留意此時為買盤多為追高買進，賣盤多為獲利了結，可保持觀望，不必急著冒險追高	中長黑 長上影線	股價低檔出現大批買盤，可能接近底部。但股價表現不強勢，也不需要冒險抄底；之後可再觀察是否打底完成、是否出現股價上攻訊號

註：「中長紅」、「中長黑」包含收盤價及開盤價差距幅度達 3% 的「中紅」、「中黑」，以及差距幅度高於 5% 的「長紅」、「長黑」

檔股票的股性、成交量不同，因此觀察該股票自己的成交量變化即可。

如果初學者不知道怎麼判別，可以先分類為大型股（權值股）與中小型股（詳見表2），成交量與10日平均成交量的關係大致如下（這只是概念，不是非要達到這個絕對

表2 「10日均量」可作為爆大量評斷依據

大型股與中小型股的爆大量定義比較

項目	大型股	中小型股
類型	1.以市值定義：市值100億元以上個股，或台灣50指數成分股 2.以股本定義：股本50億元以上個股	1.以市值定義：市值100億元以下個股，或台灣50指數成分股以外的個股 2.以股本定義：股本50億元以下個股
定義	單日成交量為10日均量1.3倍以上	單日成交量為10日均量3倍以上

值才叫做「爆大量」，實務上仍須以個股的股性和過去慣性做調整）：

1. **大型股爆大量**：單日成交量為 10 日均量 1.3 倍以上。

2. **中小型股爆大量**：單日成交量為 10 日均量 3 倍以上。

　　至於大型股與中小型股的分類，可將「台灣 50 指數」的成分股視為大型權值股，這些股票是台股市值最大的前50 家公司，此外則全部視為中小型股。另外也可以利用市值或股本區分，市值大於新台幣 100 億元或股本大於 50

億元視為大型股，市值未達 100 億元或股本未達 50 億元視為中小型股。以大型權值股鴻海（2317）為例（詳見圖 4），2019 年初股價從最高價 97.2 元下跌後，股價持續低迷；觀察同年 8 月～ 9 月，持續在 72 元～ 75 元左右低檔盤整。

直到 10 月 17 日，股價突然出現 1 根中長紅 K 線；當日成交量達 8 萬 1,667 張，約為 10 日均量 5 萬 5,721 張的 1.46 倍（81667÷55721 ≒ 1.46），明顯可認定為爆大量。此時即可搭配其他技術分析工具留意買點。

中小型股的價量關係比較凌亂，因此一旦出現爆大量，單日成交量大約是 10 日均量的 3 倍以上，甚至更高。

以楠梓電（2316）為例（詳見圖 5），2019 年 6 月從 22 元左右開始起漲，最高在同年 10 月 7 日漲至最高價 49 元，而後都在 45 元上下高檔盤旋。直到 10 月 29 日拉出 1 根長黑 K 線，當天成交量 1 萬 6,070 張，是 10 日均量 5,001 張的 3.2 倍，視為爆大量。其後，股價也開啟了一波下跌。

圖4 鴻海曾於股價低檔出現爆量中長紅K線

鴻海（2317）日線圖

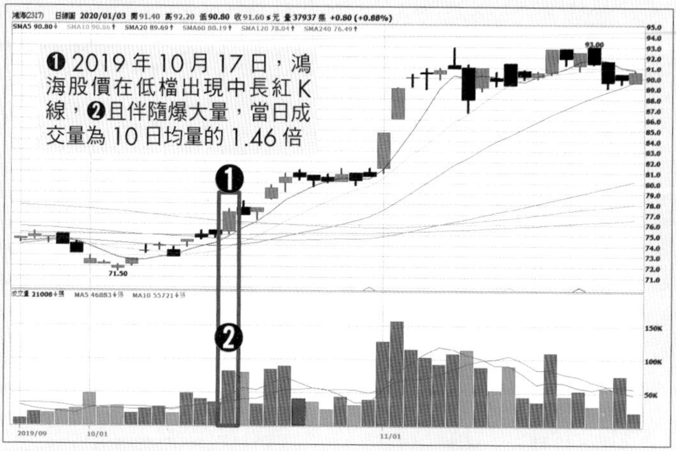

① 2019 年 10 月 17 日，鴻海股價在低檔出現中長紅 K 線，②且伴隨爆大量，當日成交量為 10 日均量的 1.46 倍

資料來源：嘉實資訊

　　我很少單獨利用 K 線評估買賣點，通常會搭配其他技術分析工具使用；若真的不得已要在交易時單獨使用，我認為比較適合用來評估賣出時機。

觀察股價與均線關係，進一步掌握多空方向

　　在 K 線圖當中，還會看到在 K 線上下會有幾條不同顏色

的線條，這也是技術分析工具當中十分重要的「均線」。均線是「移動平均線」（Moving Average，MA）的簡稱，其實就是以當日為基準，再加上往前一段交易日的平均收盤價；因為每日價格都不一樣，往前推算的平均價格也會跟著每日變動，這些平均價格所連成的線就是所謂的移動平均線。以日線圖來説，常用到的均線如下：

◎ **5 日均線（5MA，以下簡稱 5 日線，其他週期亦同）：** 代表近 5 個交易日的平均收盤價，可簡稱「週線」。

◎ **10 日線（10MA）：** 代表近 10 個交易日的平均收盤價，可簡稱「雙週線」。

◎ **20 日線（20MA）：** 代表近 20 個交易日（大約 1 個月）的平均收盤價，可簡稱「月線」。

◎ **60 日線（60MA）：** 代表近 60 個交易日（大約 1 季）的平均收盤價，可簡稱「季線」。

◎ **120 日線（120MA）：** 代表近 120 個交易日（大

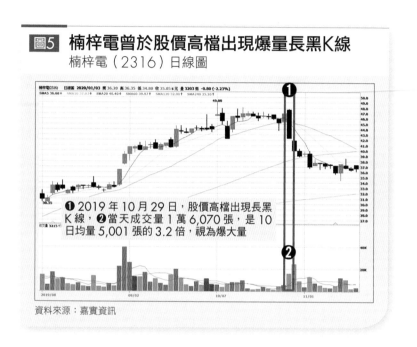

圖5 楠梓電曾於股價高檔出現爆量長黑K線

楠梓電（2316）日線圖

❶ 2019 年 10 月 29 日，股價高檔出現長黑 K 線，❷ 當天成交量 1 萬 6,070 張，是 10 日均量 5,001 張的 3.2 倍，視為爆大量

資料來源：嘉實資訊

約半年）的平均收盤價，可簡稱「半年線」。

◎ 240 日線（240MA）：代表近 240 個交易日（大約 1 年）的平均收盤價，可簡稱「年線」。

看盤軟體會有各自預設的均線週期，但是大家可再自行微幅調整，例如有人會使用 50 日線為季線，或是使用

240 日線為年線。

　　技術分析是相當靈活的，只要能搭配你慣用的看盤及交易習慣即可（詳見圖解教學）。而我們在進行波段操作時，較常用到的是 5 日線、10 日線，以及 20 日線。觀察股價與均線的關係，可以幫助我們判斷股價可能的走勢，宜掌握以下幾個原則：

1.以多方看待

　　①均線上揚，且股價由下而上穿越均線。

　　②股價雖有波動，但仍持續位於均線之上；若股價下跌觸碰到均線，或是短暫跌破均線（收盤價於 3 個交易日又站回均線），視為假跌破，則仍以多方看待。

　　③均線多頭排列，亦即「股價＞ 5 日線＞ 10 日線＞ 20 日線＞ 60 日線＞ 120 日線＞ 240 日線」，代表股價多方架構健康。

2.以空方看待

①均線下彎，且股價由上而下跌破均線。

②股價雖有波動，但仍持續位於均線之下；若股價上漲觸碰到均線，或是短暫上漲突破均線（收盤價於 3 個交易日又跌破均線），視為假突破，則仍以空方看待。

③均線空頭排列，亦即「股價＜ 5 日線＜ 10 日線＜ 20 日線＜ 60 日線＜ 120 日線＜ 240 日線」，代表股價維持空方架構。

圖解教學　查詢個股歷史價量、調整均線週期

看盤軟體功能強大，想切換K線圖資料頻率、查詢成交價及成交量明細，或是調整均線週期，只要動動滑鼠就能辦得到。以下用嘉實資訊系統說明，並以鴻海（2317）為例：

進入鴻海的技術分析頁面，通常系統預設畫面為❶「日線圖」，若想切換為週線圖、月線圖等不同資料頻率，只要在K線圖按下滑鼠右鍵叫出選單，滑鼠移到❷「資料頻率」選項，即可在❸下一層選單點選需要的資料頻率。

K線圖的❶左方視窗，會呈現最新一日的成交價、均價、成交量、5日及10日均量等詳細數據。若想查看歷史數據，同樣只需要在K線圖按下滑鼠右鍵叫出選單，點選❷「啟用查價功能」。接下來只要將滑鼠移動到你想查看的K線，左方視窗就會隨之呈現該日的量價資訊。

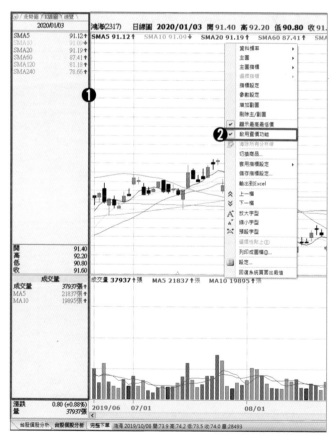

接續下頁

STEP 3

在K線圖按下滑鼠右鍵叫出選單，點選❶「指標設定」，❷即可叫出技術分析設定內容，直接更改你想設定的均線週期；若是不想在K線圖當中顯示特定均線，只要取消勾選即可。最後點選❸「完成（K）」即可套用最新設定。

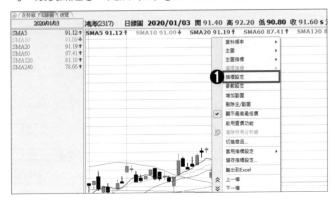

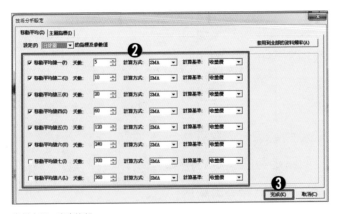

資料來源：嘉實資訊

2-4 觀察股價區間波動 手動畫出直線趨勢線

　　股市裡有句名言：「多頭做多，空頭做空，盤整不做。」白話的意思是說，當股票走勢走多頭時，較容易透過買低賣高來賺錢，當股票走空頭就避免做多，盤整時因為方向不明確，最好也不要輕舉妄動。

從K線圖可判斷股價走勢大致分為3類

　　其實這些是大家都知道的道理，不過，關鍵就出在要怎麼判別現在是多頭、空頭，或是盤整？先看這 3 種走勢的定義：

1.多頭》每波高點與低點逐步墊高

　　多頭走勢的 K 線圖，雖然不一定會天天漲，但是在上漲過程中會持續創下波段新高價；即使往下修正，也不會跌破上一波修正的低點，呈現出「頭頭高，底底高」的走勢。

當投資人打算「做多」,也就是「買低賣高」時,所追求的就是找出這樣的標的。

以全球晶圓代工龍頭台積電(2330)為例,2019年8月以來,就呈現出極為標準的多頭走勢(詳見圖1)。2019年8月初最低240元左右開始起漲,一路向上突破,同年11月站上300元,而後創下345元歷史新高價。可以看到,每波上漲高點都突破前波高點,修正的低點也逐步走高。

2.空頭》每波高點與低點逐步降低

空頭走勢的K線圖,則與多頭走勢相反。下跌過程中會創下波段新低價,過程中雖然也會往上反彈,卻難以突破上一波反彈的高點,呈現出「頭頭低,底底低」的樣貌。

空頭走勢因為反映著投資人的恐慌心理,下跌態勢會較為明顯,像是連續多日下跌,或是出現較大的跌幅而呈現中長黑K線。

當我們想要做多時,切記要避開空頭走勢的標的。有些

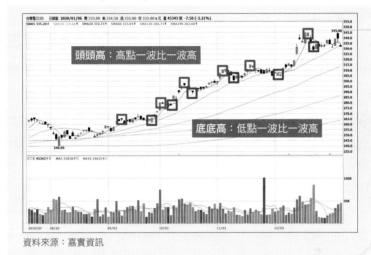

圖1 台積電自2019年8月以來為標準多頭走勢

台積電（2330）日線圖

頭頭高：高點一波比一波高

底底高：低點一波比一波高

資料來源：嘉實資訊

人會喜歡「搶反彈」，也就是當股價跌了一段時間，看似沒有要繼續下跌，就會搶著進場，希望賺到一波反彈的漲幅。不過，即使是具有豐富實戰經驗者，也不容易抓準反彈的時機；稍微出了差錯，就會套牢在這裡，眼睜睜看著股價繼續回跌，建議新手最好敬而遠之。

以信昌化（4725）為例，自 2019 年 9 月下旬到 11

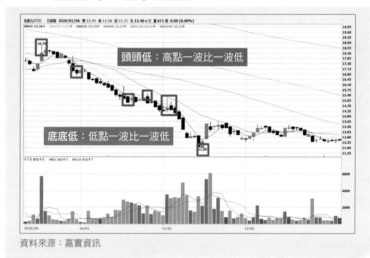

圖2 信昌化自2019年9月以來為標準空頭走勢

信昌化（4725）日線圖

頭頭低：高點一波比一波低

底底低：低點一波比一波低

資料來源：嘉實資訊

月中旬，走出了一波明顯的空頭走勢（詳見圖2），過程中即使略有反彈，也並未正式停止跌勢。

3.盤整》在特定區間內波動，沒有明顯方向

盤整指的是股價在一段時間內，沒有明顯的上漲或下跌趨勢，而是只在某個股價區間內移動。因為沒有明確的多空方向，無論想要做多或做空，都相當有難度，因此我多

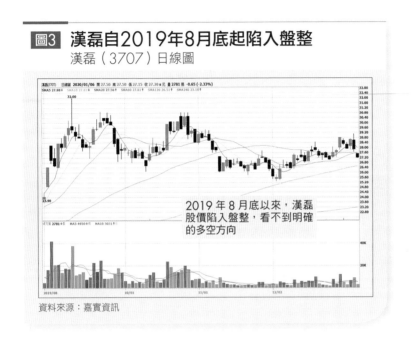

圖3　漢磊自2019年8月底起陷入盤整

漢磊（3707）日線圖

2019 年 8 月底以來，漢磊
股價陷入盤整，看不到明確
的多空方向

資料來源：嘉實資訊

會遵循「盤整不做」的原則。

　　以漢磊（3707）為例，2019 年 8 月底以來，股價已
陷入 4 個多月的盤整走勢，多空不明朗（詳見圖 3），不
管想做多或做空，都並非適合的交易標的。

　　道氏理論認為，趨勢一旦形成，就不容易改變。一旦改

變，就很有機會透過波段操作來獲利。而辨別股價改變趨勢的方式，不能不學2大技巧──「直線趨勢線」與「型態理論」，先帶大家認識直線趨勢線。

直線趨勢線與均線有一點點相似，都能幫助我們辨認股價的行進方向。兩者差異在於，均線是由看盤軟體自動計算而成，直線趨勢線則需要我們手動畫出來。

直線趨勢線在不同的狀況下，又分為多頭走勢時的上升支撐線、上升壓力線，以及空頭趨勢的下降支撐線、下降壓力線，盤整時期的「水平支撐線」、「水平壓力線」等。

無論是多頭、空頭或盤整趨勢，將K線轉折的股價低點相連，就能用直線畫出「支撐線」；將高點相連，則為「壓力線」。不過，實際應用時，我主要採取「多頭看支撐不看壓力，空頭看壓力不看支撐（詳見圖4）。」

怎麼說呢？直線趨勢線的核心功能要判斷「趨勢是否改變」，因此，只要多頭時拉回不跌破支撐線，就能視為多頭漲勢不變；同樣的，空頭走勢時若反彈無法成功突破壓

圖4 多頭看支撐不看壓力、空頭看壓力不看支撐
支撐線、壓力線示意圖

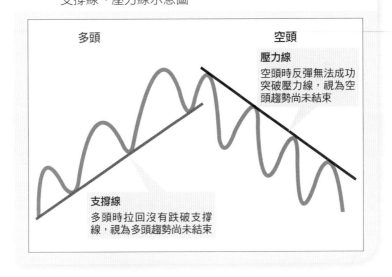

力線，就代表空頭跌勢尚未結束。

多頭趨勢》股價不易跌破支撐線

再怎麼強勢的多頭漲勢，總有休息的時候，如果沒有支撐線的輔助，就難以判別漲勢是否可能持續。所以只要我們看到多頭拉回時不跌破上升支撐線，或只是碰到 1 天、

2 天就拉回，那就不必太過擔心，可持續站在買方做多。

若確認正式跌破上升支撐線，則視為漲勢終止，可先考慮減碼或出場。接下來要等到新的趨勢線形成，新的趨勢才能確認成立。什麼是正式跌破支撐線？可分為 2 種狀況：

狀況 1》 大型股（權值股）在多頭走勢當中，收盤價跌破上升支撐線達 3 個交易日，或是累計下跌收在上升支撐線 3% 以下（單日跌破也算，例如上升支撐線價格約 100元，當天收盤價跌至 97 元以下），則視為跌破支撐線。

狀況 2》 中小型股，或是包含大型股 3 個月以內的多頭走勢，通常只要「當天」收盤價以跳空缺口（詳見 Tips）或中長黑跌破上升支撐線，就視為有效跌破。

還要注意，跌破支撐線「不一定要帶量」，但是帶量跌破，則會出現更凶猛的跌勢。

一旦確認多頭趨勢破壞，建議可先減碼 1/3，之後確認趨勢向下再陸續分批減碼出清。

TIPS 跳空缺口

K 線圖每根 K 線都反映著成交價位的變化，當日 K 線與前一交易日相比，若有價位沒有成交，就會產生「跳空缺口」，例如以下致茂（2360）日線圖：

❶ 2019 年 11 月 1 日最高價為 145.5 元，前一交易日最低價 152.5 元，2 個價位之間沒有產生成交價，就可以說，2019 年 11 月 1 日出現了一個向下跳空缺口。

❷ 2020 年 1 月 13 日最低價 157 元，前一交易日最高價 154 元，2 個價位之間沒有產生成交價，所以就可以說，2020 年 1 月 13 日出現一個向上跳空缺口。

資料來源：嘉實資訊

空頭趨勢》股價不易突破壓力線

空頭趨勢中，股價下跌過程儘管有反彈，卻也很難突破股價轉折高點相連而成的「下降壓力線」，偶有突破，也會很快回跌。若是正式突破了壓力線，才能視為跌勢結束，此時還不能急著判斷即將翻多，同樣要等待新的趨勢確立。

突破壓力線同樣分為 2 種狀況：

狀況 1》 大型股（權值股）的空頭走勢，當收盤價突破達 3 個交易日，或是股價累計上漲收在下降壓力線 3% 以上，則視為突破下降壓力線。

狀況 2》 中小型股，或是包含大型股 3 個月以內的空頭走勢，通常只要「當天」收盤價以跳空缺口或中長紅突破下降壓力線，就視為有效突破。

多頭走勢期間，股價跌破支撐線時，原本的支撐就會形成壓力；相反的，空頭走勢期間，股價突破壓力線時，原本的壓力就會形成支撐（詳見表 1）。

表1 空頭走勢一定要帶量才算有效突破

多頭走勢跌破支撐線vs.空頭走勢突破壓力線

項目	多頭走勢跌破支撐線		空頭走勢突破壓力線	
	狀況1	狀況2	狀況1	狀況2
類型	大型股、權值股的多頭走勢	中小型股或大型股3個月以內的多頭走勢	大型股、權值股的空頭走勢	中小型股或大型股3個月以內的空頭走勢
原則	收盤價跌破上升支撐線達3個交易日,或累計下跌收在上升支撐線3%以下	出現中長黑或跳空缺口,當天收盤價跌破上升支撐線	收盤價帶量突破下降壓力線達3個交易日,或是股價累計上漲收在下降壓力線3%以上	出現中長紅或跳空缺口,當天收盤價帶量突破下降壓力線
	跌破不一定要帶量,但是帶量跌破則意義更明確,跌勢恐愈慘烈		一定要帶量,才算有效突破	
策略	恐轉空或陷入盤整,可先減碼1/3,之後若確認趨勢向下再繼續減碼至出清		突破下降壓力線,後續須再配合型態理論及其他技術面發動訊號,才能確認轉強	

註:「帶量突破」大致定義為大型股成交量為 10 日均量 1.3 倍以上,中小型股成交量為 10 日均量 3 倍以上

盤整趨勢》在支撐線與壓力線之間徘徊

　　進入盤整趨勢時,同樣可將低點與低點相連畫出支撐線,高點與高點相連畫出壓力線,股價會在 2 條線之徘徊。一

旦股價突破壓力線，容易開始一波上漲；跌破了支撐，也相對地會進入一波跌勢。

有些股票是所謂的「牛皮股」，可能因為產業或公司本身較為穩定，較無特殊亮點，市場資金也較少著墨；因此股價很少有大幅變動，長年都處在盤整趨勢，而這些股票在技術面上，就比較不會是波段操作者青睞的標的。

除此之外，大部分股票會因產業面、經營面的變化，容易吸引資金進出，表現在股價上就會有較明顯的趨勢變化。例如上漲或下跌到一定程度後，盤整休息一段時間，而盤整結束後可能突破壓力線上漲，也可能跌破支撐線後下跌。

以大立光（3008）為例（詳見圖 5），2019 年 1 月起大立光走出一波多頭走勢，沿著趨勢線持續上漲，當時波段最高價是 4,835 元。直到同年 3 月下旬，跌破支撐線後進入盤整，原本的支撐線成為壓力。雖然在盤整期間，股價一度又漲破前高，來到 4,900 元，但是並未正式突破盤整期間的壓力線，隨後反而跌破盤整期間的支撐線，於2019 年 5 月初展開了一波空頭走勢。

圖5 大立光於2019年兩波多頭走勢皆跌破支撐

大立光（3008）日線圖

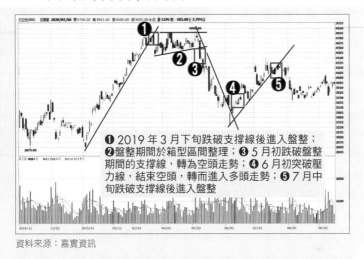

❶2019 年 3 月下旬跌破支撐線後進入盤整；
❷盤整期間於箱型區間整理；❸5 月初跌破盤整期間的支撐線，轉為空頭走勢；❹6 月初突破壓力線，結束空頭，轉而進入多頭走勢；❺7 月中旬跌破支撐線後進入盤整

資料來源：嘉實資訊

　　直到 6 月初，大立光成功突破了空頭趨勢的壓力線，結束空頭走勢，轉而開啟漲勢。不過，這波漲勢只維持約 1 個月，7 月中旬又跌破支撐線後進入盤整。

掌握3原則，畫出趨勢線做出正確判斷

　　手動畫直線趨勢線，每個人畫出來的樣子多多少少會有

些不一樣（詳見圖解教學）。

可以說，使用直線趨勢線最大的優點，就是可以任憑你去做主觀的解讀，另一方面也是最大的缺點，包括 K 線圖區間要拉多長？到底該用哪幾點去畫線？

這些主觀的判斷，都有可能會影響最終的判斷與解讀。不過，當你累積愈多經驗值，就更能善用趨勢線幫助自己做對判斷。

在畫趨勢線時，可以掌握 3 項原則：

原則1》多頭走勢畫支撐線，從起漲點當起點

當股價已經形成多頭走勢，在畫上升過程的支撐線時，必須找出「起漲點」，也就是多頭走勢的最下緣當成起點。

原則2》初學者可先忽略上下影線

在畫趨勢線時，初學者可先以實體線（收盤價與開盤價）為準，若熟悉之後，則可以一併將實體線跟上下影線納入觀察。

原則3》端點愈多，趨勢線愈有效

任意 2 點相連就能形成一條線，同樣的，畫趨勢線時，只要 2 點就能連線。

不過，當愈多端點連成線，趨勢的意義愈強大，可靠性和準確度都愈高。

例如在 1 張 K 線圖當中，原本目測可用 1 條支撐線連接到 4 個～ 5 個端點，不過實際畫上去，可能會發現有 1、2 個點的實體線（收盤價）或下影線在支撐線之下；或是畫壓力線時有 1、2 個點在壓力線之上，這種狀況我們可以忽略，將偶然突出的端點視為假突破或假跌破。

趨勢線的陡度愈大，趨勢愈短，這種短期的趨勢也愈容易改變。而陡度愈小，趨勢較為平緩，時間也會比較持久；換句話說，時間愈長的趨勢線，趨勢愈不容易改變。

而如果趨勢線能與其他技術面訊號搭配，會更具意義。例如多頭趨勢畫支撐線時，若看到支撐線與 60 日均線（季線）相近，那麼在進行中線操作時，這支撐線就更具有參

考價值。

　　通常在看 K 線圖時，會先看與目前最為接近的趨勢，例如 K 線圖的時間區間是 6 個月，而近 6 個月股價呈現上漲，那麼當股價不再上漲，並且確認跌破支撐線，做短線或中線多頭的人，則須在此處出場。

　　若想做更長線交易者，則可以先減碼，並且觀察更長線的支撐位置。也就是把 K 線圖的時間區間拉長，再畫出一條更長的支撐線；要是股價跌破更長期的支撐線，就要將剩餘部位出清，因為未來恐將迎來更重的下跌。

　　以智邦（2345）日線圖為例（詳見圖 6），2019 年 5 月底至同年 11 月下旬可畫出 1 條支撐線（詳見圖 6 黑線），與季線很相近，可見這條支撐線極具參考價值。

　　2019 年 11 月 20 日股價先跌破季線，11 月 27 日再跌破上升支撐線（智邦為大型股，當日股價下跌收在支撐線 3% 以下，符合跌破支撐線條件），短線或中線多頭投資者可在此處出場。

圖6 觀察長期趨勢，可擴大區間再畫新支撐線

短區間智邦（2345）日線圖

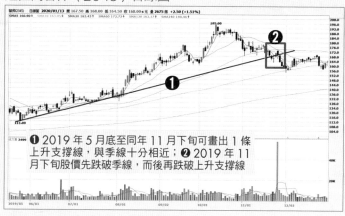

❶ 2019 年 5 月底至同年 11 月下旬可畫出 1 條
上升支撐線，與季線十分相近；❷ 2019 年 11
月下旬股價先跌破季線，而後再跌破上升支撐線

長區間智邦（2345）日線圖

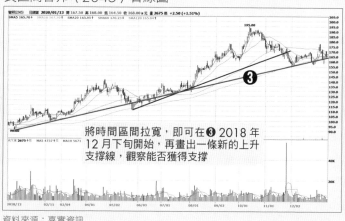

將時間區間拉寬，即可在❸ 2018 年
12 月下旬開始，再畫出一條新的上升
支撐線，觀察能否獲得支撐

資料來源：嘉實資訊

若想看更長線的支撐位置，則可再將日線圖時間區間拉寬，於 2018 年 12 月下旬開始，再畫出一條新的上升支撐線（詳見圖 6 紅線）。再來就能夠觀察股價在這條極長線的支撐線，能否獲得支撐。

圖解教學　調整個股K線區間、畫趨勢線

STEP 1　看盤軟體都會有提供調整K線圖時間區間的功能，想看長期、短期趨勢，都可以任意調整，故提供「畫線」功能，可讓使用者自行繪製趨勢線。以下用嘉實資訊系統說明，並以台積電（2330）為例：

進入個股技術分析畫面，點選右下角❶「收斂」圖示，畫面就會容納愈多資料，呈現更❷長期的區間；點選❸「發散」圖示，畫面就會減少資料，呈現更❹短期的區間。

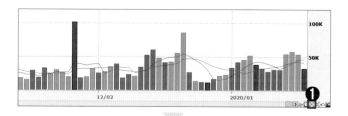

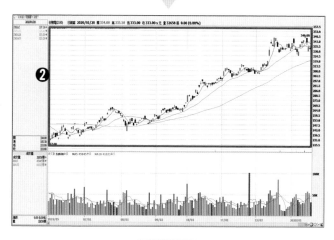

接續下頁

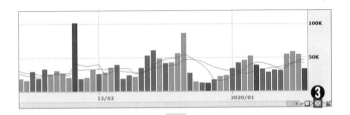

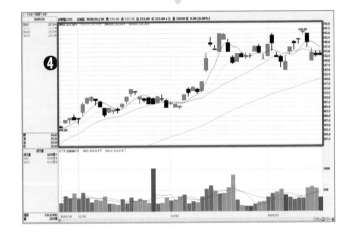

STEP 2

點選❶「工具」圖示叫出選單，選擇❷「畫線工具」及❸「線段（N）」，即可在K線圖上❹畫線。

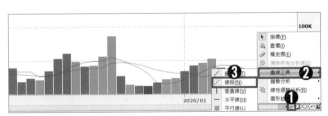

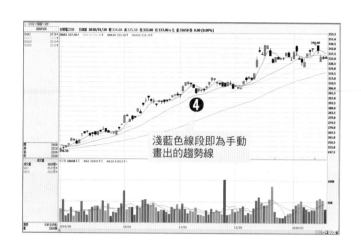

淺藍色線段即為手動
畫出的趨勢線

STEP 3 若畫錯了想要清除特定線條，也可以再點選❶「工具」圖示，並點選❷「橡皮擦（E）」將特定線條清除；或是點選❸「清除所有分析線（E）」以清除所有線條。

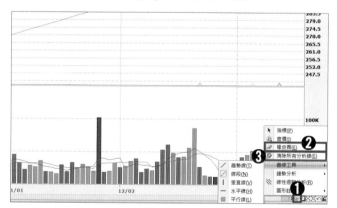

資料來源：嘉實資訊

2-5 確認底部反彈波 準確推估目標價

　　許多聽明牌的人，往往會希望投資是個是非題，例如「這檔股票○○元是不是要買？○○元是不是要賣？」不過，投資絕對不是這種單純的「是非題」。只要能夠出現「選擇題」，就已經很不錯了，例如我們能夠清楚評斷出現 A 狀況時可開始買進？ B 狀況可慢慢加碼？ C 狀況須先暫時觀望等，對於波段操作者已經算是相對輕鬆了。

　　在大多數的情況，投資會是「申論題」，不同的股票，在不同的時間發生的狀況，都是個別的獨立事件。就算是同一檔股票，我也沒辦法告訴你幾元可以買賣；必須等到狀況發生、趨勢形成、買進訊號出現，才能有明確的做法。

型態理論可歸納出3大類，有效預估未來走向

　　要更進一步學會看趨勢，就不能不知道「型態理論」。

不要又被理論這 2 個字嚇到了，其實只是教你學會看 K 線的型態，把它掌握好，有利你快速判別適合的買進標的。

　型態理論又稱為「型態學」、「圖形學派」，經過大量統計，歸納為各式基本圖形，並推論出不同圖形可能產生的漲跌和變化。簡單來說，就是藉由股價的過去走勢，去預估未來的可能走向。

　若要仔細研究，會發現 K 線型態不下數十種，初學者總是看得眼花撩亂；事實上，所有 K 線圖共可簡單歸為 3 大類：

類型1》反轉圖形：底部型態，突破後股價翻多

　股價跌到低點後，不再跌破支撐線，開始進行區間整理，呈現如同碗的底部，稱為「底部型態」，這段過程稱為「打底」。直到股價突破底部，才能視為正式轉為多頭的訊號。觀察個股是否完成底部型態，也是我在篩選買進標的時最重要的技術面方法。

類型2》反轉圖形：頭部型態，跌破後股價翻空

　與底部型態相反。股價上漲到高點後，不再續漲、創新

高，再整理一段時間後，形成一個山頂的形狀，稱為頭部型態，這段過程則稱為「做頭」。等到股價下跌破壞了頭部型態，正式視為趨勢轉空。

類型3》中繼型態：不上不下

多頭趨勢行進一段時間後，會進入一個不上不下的中繼狀態，接著繼續向上漲；空頭趨勢也會遇到這樣的中繼型態，休息一段時間後則繼續往下跌。

本書要介紹找出「底部翻漲」的股票，接下來將帶大家認識最實用的幾種底部反轉型態，學習找對買點，並且靠自己估算底部翻漲後的初升段目標價。圖形學派可說是「一法通，萬法通」，只要學會以下的底部反轉圖形，就能舉一反三，延伸應用到頭部反轉型態的賣出策略。

底部型態完成，用「等距離目標滿足法」算目標價

底部型態是一個由空翻多的反轉圖形，包括 W 底（雙重底）、頭肩底、多重底、弧形底、V 型底、下降楔形等，以下來看看最常見的前 4 種：

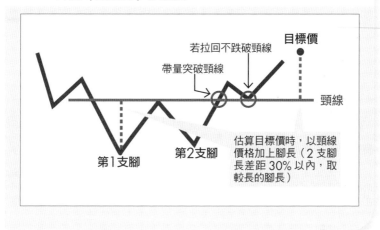

圖1 頸線至關重要，是多空勢力的交戰點
W底（雙重底）示意圖

1.W底（雙重底）

跌到最低點反彈後，又轉為下跌，但是跌到前波低點後又形成支撐，接著開始慢慢反彈，形成2個谷底。這段期間所呈現出的K線圖，就像是一個英文字母「W」；兩波低點就是所謂的「打2支腳」，先出現的低點為「第1支腳」或左腳，後出現的低點為「第2支腳」或「右腳」。通常以右腳高於左腳最為標準，但是也有右腳低於左腳的型態（詳見圖1）。

　　當 W 底正式形成，就可以將 2 個低點之間反彈的高點，以水平線畫出一條「頸線」。這條頸線至關重要，是多空勢力的交戰點。當股價成功帶量突破頸線位置，就是股價發動的訊號，可以利用「等距離目標滿足法」，估算這一波的目標價。

　　估算目標價（或稱為滿足點）的方法很簡單，只要將「頸線」加上「腳長」（W 底最低價到頸線的 1：1 等距離價差）即可。例如 W 底最低價 20 元，頸線為 25 元，腳長為 5 元；那麼當股價帶量突破頸線，即可估算目標價為「頸線 25 元＋腳長 5 元＝ 30 元」。

　　多數時候，W 底的 2 支腳會差不多長，只要 2 支腳差距在 30% 以內，都可以運用上述算法。不過，當 2 支腳價差距超過 30%，可以考慮使用 2 階段估價法：

　　1. 以較短的腳（最低價較高的那支腳）估算「第 1 階段目標價」。

　　2. 以較長的腳（最低價較低的那支腳）估算「第 2 階段

目標價」。

　　底部型態的突破，不一定會一次直接突破，有可能發生上漲接近頸線時，先往下壓回後再往上突破；也有可能先突破頸線後，拉回整理但不再跌破頸線支撐。前述 2 種狀態都很不錯，因為已經出現「底部一波比一波高」的趨勢，而後者又更理想，看到這個底型，可以判讀為相當健康的型態，做多時可以優先考慮。

　　以聯發科（2454）為例（詳見圖 2），2018 年 9 月到 2019 年 2 月，打了一個明確的 W 底，頸線位置 252.5 元，較長的左腳長度 53 元（＝頸線 252.5 元－199.5 元）。當聯發科帶量突破頸線後曾一度回測，且出現了 1 根～ 2 根假跌破，在頸線止穩後繼續向上突破；此時可估算，目標價即為 305.5 元（＝頸線 252.5 元＋左腳長度 53 元）。而在 2019 年 5 月初，聯發科也順利漲到 305.5 元之上，此波漲幅約 21%。

　　再提供一個小技巧，既然我們是用圖形學派來估價，就更要善用工具。在看盤軟體的 K 線圖上，都會有標示等距

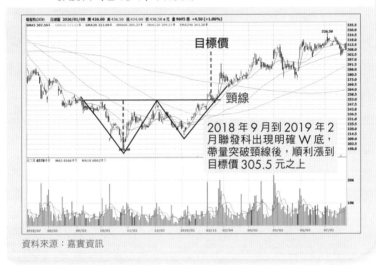

圖2 **聯發科2019年2月突破W底頸線**

聯發科（2454）日線圖

目標價

頸線

2018 年 9 月到 2019 年 2 月聯發科出現明確 W 底，帶量突破頸線後，順利漲到目標價 305.5 元之上

資料來源：嘉實資訊

的格線。同樣以圖 2 聯發科為例，不用仔細計算精確的價格，我們只須進行 2 步驟：

1. **找出腳長的格數**：只要能夠在圖上畫出左腳長度，就可以數得出來，底部的左腳跨越大約 9 格半。

2. **從頸線往上加相同的格數**：目標價是從頸線往上加等

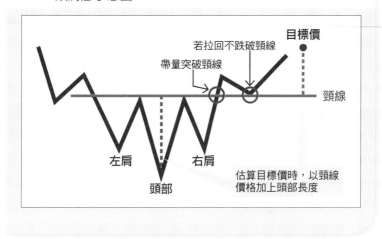

圖3 頭肩底有明確的3個谷底
頭肩底示意圖

距離價差,因此只要以頸線為準,再往上數9格半,就能
大概知道目標價的約略位置。

2.頭肩底

　　頭肩底有明確的 3 個谷底,底型由左肩、頭部與右肩所
構成(詳見圖 3)。頸線畫法是連接左肩、頭部與右肩的
反彈高點,因此頸線有時可能不完全是 1 條水平線,可能
會具有某種程度的傾斜。

股價先跌到一個低點後反彈形成左肩，反彈後又下跌且跌得更深而形成頭部；接著再度反彈後又下跌並反彈，形成右肩。同樣的，當股價反彈帶量突破頸線，即可開始計算目標價。計算方式是將「頸線」加上「頭部長度」（底部最低點至頸線的 1：1 等距離價差）。

例如某股票形成頭肩底，頸線為 60 元，頭部長度 12 元（＝頸線 60 元－頭部最低價 48 元），那麼此波上漲的初升段目標價即為 72 元（＝頸線 60 元＋頭部長度 12 元）。

以聯電（2303）為例（詳見圖 4），2016 年 7 月到 2017 年 2 月形成頭肩底，頭部最低價 11.2 元，頸線約 11.8 元，價差 0.6 元，可算出目標價為 12.4 元（＝頸線 11.8 元＋價差 0.6 元）。2017 年 2 月下旬 1 根帶量長紅突破了頸線，直接漲到目標價 12.4 元。如果用 K 線圖簡單測量格線距離，也能一眼看出聯電直接漲破目標價。

聯電因為股價水平較低，此波反彈漲幅也小。不過，根據實務經驗，頭肩底仍是最理想的底部型態，在以技術面篩選股票時，我會優先選擇有頭肩底型態的個股進行更進

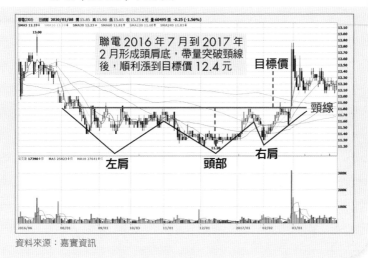

圖4 **聯電2016下半年～2017年初形成頭肩底**
聯電（2303）日線圖

聯電 2016 年 7 月到 2017 年 2 月形成頭肩底，帶量突破頸線後，順利漲到目標價 12.4 元

目標價

頸線

左肩　　頭部　　右肩

資料來源：嘉實資訊

一步的過濾。

3.多重底

多重底是一個盤整區間，打底時間也較長。可在各個反彈高點連成壓力線（頸線），下跌低點連成支撐線（詳見圖5）。目標價的計算，是將「被帶量突破的壓力線位置」加上「壓力線減去支撐線的價差」。

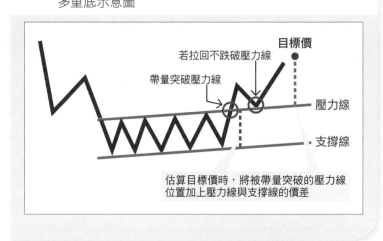

圖5 多重底為一個盤整區間，打底時間也較長

多重底示意圖

例如某股票打出了多重底，帶量突破的壓力線位置為 50
元，壓力線 50 元減去支撐線 35 元的價差是 15 元，那麼
此波上漲的初升段目標價即為 65 元（＝壓力線 50 元＋等
距離價差 15 元）。

以鴻海（2317）為例（詳見圖 6），2014 年 12 月到
2015 年 3 月形成多重底，壓力線約莫在 90 元，支撐線
約為 85 元，價差 5 元。當鴻海突破壓力線後，可估算目

圖6 **鴻海形成多重底，突破壓力後漲到目標價**

鴻海（2317）日線圖

目標價

壓力線

支撐線

鴻海在 2014 年 12 月到 2015 年 3 月形成多重底，突破壓力線 90 元後，於 3 月下旬到達目標價

資料來源：嘉實資訊

標價在 95 元（＝壓力線 90 元＋等距離價差 5 元）。可看到鴻海在 2015 年 3 月下旬屢次接近 95 元，已算是到達目標。

　　因為在這裡明顯形成了壓力，若投資者已在這裡賺到初升段的漲幅，儘管價差不大，先停利出場會是個較安全的選擇。

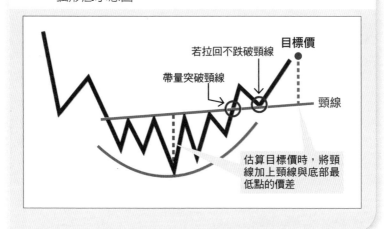

圖7 弧形底是以一個弧形完成底部型態
弧形底示意圖

目標價

若拉回不跌破頸線

帶量突破頸線

頸線

估算目標價時,將頸線加上頸線與底部最低點的價差

4.弧形底

弧形底這種底型,初學型態理論的人可能會較難分辨。乍看之下,無法歸類為上述 3 種底型,但是仔細一看,這樣的K線圖,大約是以一個弧形完成底部型態(詳見圖7)。

同樣可將弧形底的反彈高點連成一條頸線,目標價的計算,是將「被帶量突破的壓力線位置」加上「頸線減去最低點的價差」。

圖8 晶電於2015年～2017年形成弧形底
晶電（2448）日線圖

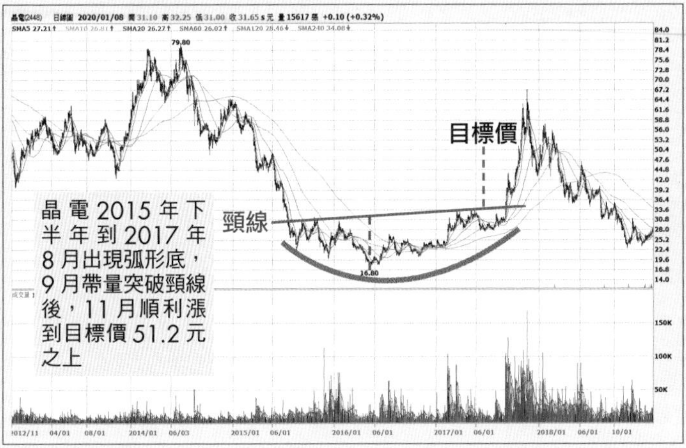

資料來源：嘉實資訊

以晶電（2448）為例（詳見圖8），2015年下半年到2017年8月形成了一個近2年的弧形底。2017年9月帶量突破頸線後，可計算此波上漲的目標價。

被突破的頸線位置約莫在34元，底部最低點為16.8元，價差17.2元；因此晶電此波目標價約為51.2元，同年11月已順利到達目標價之上。

　　上述 4 種的底型最為常見，成功率也最高。另外可能會聽到的底型還有「V 型反轉」，也就是只打出一個 V 型，就直接反彈上去了。不過在實務上，使用的成功率不高，因為較不容易判斷 V 型是否真正成型；而且往往在確認時，就已經快漲到目標價了。

　　而這 4 種型態，按照理想程度由高而低可做以下排序：1. 頭肩底、2. 多重底、3. W 底、4. 弧形底。如果看到有不同股票分別出現以上型態，可按照這個優先順序去做進一步的評估。

　　而初學者剛開始學習時，常常會分不清楚這 4 種型態該怎麼辦？看起來像是 W 底，又像是頭肩底？好像是多重底，卻又像弧形底？也不用太過著急，只要你能夠分辨這是底型，並且成功畫出頸線，就能夠使用「等距離目標滿足法」計算出底型反轉的目標價。

　　由空翻多的底型反轉這套系統，目標只是在賺一個反彈波。反彈往往是「無基之彈」，也就是沒有基本面為基礎的反彈；只要價量配合（股價帶量突破），籌碼狀況還不

錯，那麼不太需要基本面配合也會上漲。只是，反彈波能夠掌握的利潤空間不大，比較理想的狀況可掌握到 20% ～ 30% 左右，偶爾會出現超漲。後續多會進行一段整理再蓄勢上攻，不過之後的漲勢，需要再搭配均線等其他技術指標，同時觀察籌碼面，以掌握更大的漲幅。

當然，有些股票打底的時間長，底型很大，上漲的空間若有機會達到 30% 以上可以好好把握；但是，等待上漲的時間也會比較久，多是屬於中長線操作（6 個月以上），所以最好搭配基本面，包括觀察個股的營收是否有不錯的年成長（當月 10 日前公布的營收，是否明顯高於去年同月份的營收），或是適逢季報公布，也可以看看稅後盈餘是否呈現成長。最重要的是要盯緊技術面，若股價轉多失敗，跌破支撐，還是得確實執行停損。

以上說明的是 K 線的主型態，而一個完整的波段交易，我會搭配移動平均線及 KD 指標、MACD 指標這 2 項技術指標輔助判別，接下來會教你如何搭配運用。

2-6 活用均線＋技術指標 加強確認多空訊號

要持續觀察股價的趨勢，最簡單且好用的方法，就是查看移動平均線（以下簡稱均線），並且輔以技術指標，只要能夠熟悉用法，就能幫助你賺到上漲波段。

均線》必備3概念與3技巧

均線是非常好用的工具，跟直線趨勢線比起來較為客觀。不僅能用來觀察股價趨勢，也能找到不錯的買賣點。均線的使用，先建立 3 大基本概念：

概念1》利用短、中、長天期均線判斷趨勢

均線有各種不同天期，可做出如下的分組：1. 短天期均線：5 日均線（以下簡稱 5 日線，其他週期亦同）、10 日線；2. 中天期均線：20 日線、60 日線；3. 長天期均線：120 日線、240 日線。

　　只要 5 日線跟 10 日線保持上揚、沒有下彎，代表短天期的多頭沒有改變；20 日線跟 60 日線保持上揚，中天期的多頭沒有改變；120 日線、240 日線分別代表半年線與年線，這兩者上揚代表長期多頭趨勢仍在持續。

　　多頭趨勢最健康的狀態就是多頭排列，也就是股價在所有天期均線之上，且較短天期均線在較長天期均線之上，所有均線呈現上揚；反之，空頭排列是股價在所有天期均線之下，且較長天期均線在較短天期均線之上，所有均線呈現下彎。

　　有時候短、中、長天期均線趨勢會不一致，也是正常的，因為趨勢本來就會有不同期間的變化。例如 5 日線、10 日線下彎，其他較長天期均線仍在上揚趨勢，代表這檔股票雖然短期趨勢翻空，中長期趨勢仍維持多頭。

概念2》盤整時期，均線恐會失靈

　　盤整是技術分析的天敵，當股價盤整，缺乏明確方向，均線就會出現糾結不清，忽上忽下，失去對多空判斷的功能。舉例來說，股價盤整了 1 個月，那麼 1 個月內的均線

如 5 日線、10 日線、20 日線就會糾結，依此類推。

　　可以記住一組口訣：「短天期盤整，短期技術指標會失靈；中天期盤整，中期技術指標會失靈；長天期盤整，長期技術指標會失靈。」所以只要看到股價陷入短期盤整，就不再看短天期均線，可以改用股價盤整區間的上下緣，作為壓力和支撐，藉此判斷後續的走勢；或是改觀察更長期的均線，以確認中長期趨勢是否改變。

概念3》股價＞均線且均線上彎，將均線視為支撐線

　　股價在均線之上，同時均線上揚，通常均線會具有一定的支撐力道。假設一檔股票上漲過程是沿著 20 日線上漲，即使回檔，會在 20 日線有支撐；若不小心跌破，也容易出現假跌破的現象，會很快就站回上揚的 20 日線之上。

　　想要利用均線找出股票的多空趨勢，或是要尋找買賣點，可以掌握 3 大技巧：

技巧1》股價搭配均線：股價站上均線，且均線上揚

　　股價搭配均線的操作法是「股價站上均線，且均線上揚」

時才做多；當股價下跌且均線下彎，或是股價盤整、均線
走平時，則保持觀望不進場，已有持股者可考慮減碼或出
場。雖然上揚的均線是支撐，但是若發現股價跌破均線多
天，且無法站回均線之上，要提防是均線下彎的前兆。

　　均線有那麼多條，要採用哪一條？技術面的波段操作，
交易週期常常落在 3 個月以內，因此在大型股的部分，我
一般會採取 20 日線為準；中小型股多半較為活潑，我習
慣以 10 日線為準。

　　例如聯發科（2454）就是很適合使用 20 日線評估是否
做多的個股。2018 年下半年都處在下跌趨勢的聯發科（詳
見圖 1），均線呈現空頭排列；同年 10 月底開始進行打底，
股價開始站上 20 日線；20 日線雖不再下彎，但呈現走平，
仍非適合做多的時刻。直到 2019 年 1 月，股價站上 20
日線，且 20 日線轉而上揚，才是較恰當的做多時機。

　　而當股價跌破 20 日線，且 20 日線下彎，則股價恐繼續
轉弱一段時間，可視為賣出訊號之一。但是這只是一個原
則和概念，個別股票因為股性和走勢不同。仍可以按照個

別股票的股性做調整，股性來自於人性，你會發現每檔股票都有各自適用的均線。

技巧2》均線加均線：2條皆上揚且黃金交叉

選 2 條適合的均線，必須要 2 條均線同時上揚，且呈現「黃金交叉」才能買，這樣的成功機率較高。而所謂的黃金交叉，是指較短的均線，由下而上穿越較長的均線。

同樣的，每檔股票有各自適合的均線，根據我個人的操作經驗，聯發科很適合用 10 日線及 20 日線，更大型、股性較溫和的鴻海（2317）則適合用 20 日線及 60 日線。

以鴻海為例（詳見圖 2），2019 年 7 月下旬除息後，於 8 月～ 10 月中旬進行打底。10 月中旬先看到股價站上 20 日線，但 20 日線仍未上彎。接著一根中紅 K 線突破 W 底，而後可再看到 20 日線由下而上穿越 60 日線黃金交叉，2 條均線都呈現上揚，此時就是適合進場的時點。

如果以「等距離目標滿足法」計算，鴻海在同年 11 月初 81 元～ 82 元左右，已漲到底部反彈的目標價。不過若以

圖1　股價＞20日線且20日線上彎再做多

聯發科（2454）日線圖

❶ SMA20 桃紅色線條代表 20 日線；❷即使股價有站在 20 日線之上，但是 20 日線呈現下彎或走平，仍不宜做多；❸可等股價站上 20 日線，且 20 日線上彎再出手做多

資料來源：嘉實資訊

2 條均線來看，鴻海中期多頭格局不變，因此可小額減碼，但多數持股續抱。

直到 11 月下旬，股價最高漲到 93 元後不再續漲，且 20 日線開始走平，股價於 90 元上下盤整，此時即可考慮

減碼或出清持股。

　　假如只單純使用均線作為交易工具，雖然是用 20 日線和 60 日線黃金交叉作為買進訊號，但是不一定要等 2 條線死亡交叉才離場。

　　因為 60 日線是相對慢的線，在發現漲勢不如預期，或是漲勢趨緩時，可採取比較靈活的做法——股價跌破 20 日線且 20 日線下彎時賣出部分持股，其餘持股等 20 日線與 60 日線死亡交叉再出清。

技巧3》3條均線操作法：再提高勝率

　　使用上述 2 項均線技巧交易股票，勝率大約是 70%；也就是説，10 次操作，大約有 7 次能成功獲利。若想提高勝率，可考慮使用「3 條均線操作法」，有 2 大原則：

　　原則 1》 一律以「20 日線」當作多空趨勢線，只要 20 日線上揚，才考慮做多。

　　原則 2》 找 2 條均線，黃金交叉時買進，死亡交叉時（不

圖2 以20日線與60日線黃金交叉作為買進訊號

鴻海（2317）日線圖

❶鴻海 2019 年 10 月中旬股價突破底部上漲；❷ 20 日線與 60 日線呈現黃金交叉，2 條均線雙雙上揚，股價也持續上漲；❸直到同年 11 月底，股價不再續漲，20 日線走平，股價開始進入盤整，若手中有股票則適合減碼

資料來源：嘉實資訊

管賺賠）賣出。

　　2 條均線要怎麼找？還是一樣，先找出個股 K 線圖，看看這檔股票的股性，找出最有效的 2 條均線，例如：5 日線＋ 10 日線、5 日線＋ 20 日線、10 日線＋ 20 日線。

　　較長天期的均線如 60 日線（少數大型股除外）、120 日線、240 日線等，比較適合用來觀察趨勢，不適合用來判斷短線及波段的操作時機。

　　這是因為長天期均線雖能掌握到較長的趨勢，但是可能隔 1 年、2 年才有 1 次交易機會，對於短線及波段操作者來說缺乏資金運用效率；還有，也要確保該股票是長多頭結構，至少能走半年，甚至 1 年以上才適用，因此實務上不建議使用。

　　以亞泥（1102）為例（詳見圖 3），2018 年 7 月中旬，5 日線 > 10 日線呈現黃金交叉，且 20 日線上揚，符合「3 條均線操作法」條件，就是適合買進的時機。到了同年 8 月底，5 日線 < 10 日線呈現死亡交叉，即為出場時機。

　　而在 9 月中旬，5 日線 > 10 日線又呈現黃金交叉，但是 20 日線仍在下彎，此時不宜買進；這段是一個反彈波，稍有不慎衝動進場，容易蒙受虧損。

　　多觀察幾檔個股的歷史均線走勢就能知道，若能善用「3

圖3 只在20日線上揚時才考慮做多
亞泥（1102）日線圖

❶ 5 日線 > 10 日線呈現黃金交叉，此時 20 日線上揚時，適宜買進；❷
5 日線 < 10 日線呈現死亡交叉，此時適合賣出；❸ 5 日線 > 10 日線呈
現黃金交叉，但是 20 日線仍在下彎，不宜買進

資料來源：嘉實資訊

條均線操作法」可以找到較安全的做多時機。

　均線是客觀的技術分析工具，簡單易學，而且不管是大
型股、中小型股都適用。不過因為每檔股票適用的均線有
些不同，在進場交易之前，建議可以先找出幾檔熟悉的股

票來練習。

KD指標》多頭趨勢確立時，加強確認買進訊號

技術指標當中，又以「KD 指標」最為耳熟能詳。KD 指標是一種短期技術指標，反映近日股價的強弱，KD 指標愈高，代表目前股價愈接近近日的最高價，KD 指標愈低則愈接近近日的最低價。KD 指標包含「K 值」與「D 值」2 條線，區間是從 0% 到 100%，以 50% 為分界。當 KD 在 50% 以上視為多頭，50% 以下視為空頭；80% 以上為「超買區」，20% 以下為「超賣區」。

當較靈敏的 K 值向上突破反應較慢的 D 值時，稱為「KD 指標黃金交叉」。我習慣在 KD 於 50% 以上黃金交叉時做多，是比較安全的買點；相反的，K 值向下跌破 D 值，則為「KD 指標死亡交叉」；同樣的，KD 指標在 50% 以下死亡交叉，也是不錯的賣點。

由於 KD 指標最高值為 100%，當股價持續上漲，KD 指標容易在 80% ～ 100% 之間停留；只要注意到「KD 指標

站上 80% 至少達 3 天以上，且股價續漲」，即為「高檔鈍化」。此時只看 KD 指標會失靈，因此可以同時看 5 日線，只要股價不跌破 5 日線就續抱持股，跌破 5 日線才代表短線多頭告終。

KD 指標還可以幫助我們判斷，創新高股價是否有機會續強。當股價持續創新高，技術指標理應也要跟著創新高；若是技術指標沒有跟著股價創新高，就稱為「高檔背離」，視為一種「九生一死」（多頭力竭）的現象，股價短線恐怕很難續創新高。

不過，高檔背離不一定是賣點，同樣的狀況可能會發生很多次，尤其中小型股常常發生背離現象。因此看到高檔背離，要當成是紅綠燈亮出黃燈，保持警覺即可；同樣也可以改看股價是否跌破 5 日線或 10 日線決定短線賣點。

反過來説，KD 指標也會發生低檔背離；也就是股價創新低，KD 指標沒有續創新低。雖然此時股價已經跌深了，卻不宜作為買進訊號；因為低檔背離不代表股價會止跌，更不代表會很快上漲。想要找安全一點的買點，還是得等到

股價站上 5 日線或 10 日線、KD 指標（最好於 50% 以上）
黃金交叉再買進，會是更為安全的買法。

　整體來說，股價進入盤整，或是在空頭時期，都千萬不
要參考 KD 指標買股票，因為會容易失靈或有雜訊。想用
KD 指標找買點，最好是在多頭趨勢確立的時候。

MACD指標》輔助確認多空力道強弱

　MACD 指標主要用來觀察多空趨勢的強弱，這個指標由
3 個元素構成：

　1.DIF 線：12 日收盤價減 26 日收盤價的移動平均值，
多以紅線表示。

　2.MACD 線：DIF 線的 9 日移動平均值，多以藍線表示。

　3.MACD 柱狀體：DIF 線減去 MACD 線，以柱狀體表示。

　MACD 柱狀體以零軸為分界，大於零時（DIF 線 >

MACD 線），柱狀體為紅色，代表目前股價偏多方。紅色柱狀體面積愈大，則多方力道愈強。

反過來看，柱狀體小於零則呈現綠色，代表目前偏空方。綠色柱狀體面積愈大，空方力道愈強。

由於 MACD 指標的 DIF 線、MACD 線的數值沒有上下限，不會有鈍化現象。然而，同樣可以留意這 2 條線是否與股價發生背離現象。

例如股價創新高，但 MACD 指標沒有跟著創新高，視為高檔背離（反之則為低檔背離，詳見圖 4）。

MACD 指標節奏與 20 日線相似，反應比 KD 指標更慢，所以 MACD 指標一旦出現背離，會比 KD 指標背離的準確度更高。

不過，這同樣也是一個警訊。找出場點時，可以看股價是否跌破 5 日線或 10 日線；若持有成本很低，想再多觀察，則可看股價是否跌破 20 日線以決定出場時機。

圖4 高檔背離時，觀察是否跌破均線再出場
億光（2393）日線圖

❶ KD 指標在 50% 以上且黃金交叉；❷ KD 指標在 80% 以上高檔鈍化；
❸ 2019 年 12 月之後股價續創新高；❹ KD 指標未跟著創新高，與股價
形成高檔背離；❺ MACD 指標未跟著創新高，與股價形成高檔背離

資料來源：嘉實資訊

　　相反的，當 MACD 指標出現低檔背離，也並非買進訊號。
對我而言，MACD 指標主要是確認的功能，當股票在型態、
價量、均線、KD 指標都翻多時，可再配合 MACD 指標確
認多頭力道夠不夠強，綜合判斷最佳的買進時機點。

2-7　個股與指數息息相關 不僅選股也要選市

　　常常可以看到電視上的投顧分析師說，投資應該要「選股不選市」；意思是說，投資人在股市投資和交易時，不用管國際股市好壞，也不用管加權股價指數（俗稱大盤，上市公司構成的指數，以下簡稱加權指數）、櫃買指數（上櫃公司、興櫃公司構成的指數）的多空強弱和位階，只要挑對好的股票就可以做多。

　　真的可以選股不選市嗎？身為技術分析投資者，我認為這說法恐怕是有待商榷的。

分析師喊多，但不代表任何時候都能做多

　　首先要了解投顧和媒體的生態。當我們看到電視某位投顧分析師，或是股市名嘴對個股或是股市前景的看法時，多數分析師都會偏多看待。即使大盤技術面、籌碼面已經

明顯走空，他們還是會一直釋放偏多，或是即將反彈的資訊。這是為什麼呢？

　　答案很簡單，因為多數投資人是做多的。電視、廣播、網路是傳媒，投顧分析師也是廣義表演者的一類，所以表演者自然要呈現觀眾愛聽的內容，演觀眾愛看的戲碼，即使這可能是錯的。

　　尤其發生系統性風險，指數大幅崩跌時，更容易看出這樣的現象。盤中很多投顧分析師還是會大聲疾呼偏多的訊息，其中一個主因是他的會員全都上車了，若不全力喊多、吸引其他人買進以推升股價，會員們恐怕會承受更大的虧損，投顧分析師也將會承受巨大壓力。

　　另一種常見的情況是，整體大盤的趨勢很好，股民依循投顧分析師的建議，買進特定個股，卻套在最高點。這就有可能是投顧分析師特意喊高股價，幫會員出貨給其他散戶；而一般看戲的觀眾並不是他的收費會員，於是只能淪為出貨對象。仔細想清楚這其中的商業邏輯，就會很清楚了，這跟股票投資完全無關，漲跌的原因，單純只是因為

人性的盲從與貪婪。

　　還有，就政府的立場，也不會希望媒體過度看空或喊空，參與股市的股民很多，倘若股市持續表現不好，股民最後怪的還是政府，所以政府也不樂見相關從業人員喊得太空，否則恐怕被相關單位關切。

　　基於以上種種理由，他們必須偏多；再悲觀，最多只能是中性評論而已。

　　除此之外，人不是神，不可能百分之百知道未來的事情。投顧分析師當然也不是神，凡事都有意外，股市更是如此。投資永遠是摸著石頭過河，走一步看一步；如果發現有人篤定地跟你說，未來百分之百會如何，那他多半是個神棍。

　　我說過，股市投資是「選擇題」或「申論題」，許多散戶們卻喜歡「是非題」，只想知道多少價位買賣。為了迎合散戶的胃口，投顧分析師終究必須有一個明確說法，即便前方茫茫不可知，他仍然要有一個明確的說法，以博取投資人的信任。

又有一種情況是，當時股市可能有潛在系統性風險，最
理想的做法是不交易、先等待。但是會員付了會費，怎麼
願意空手等待呢？投顧分析師只好繼續喊多、繼續給標的。
因此，不一定是每次他們都故意把觀眾當成出貨對象，有
些時候，也有不足為外人道的難處。

基於上述種種理由，媒體和投顧分析師在多數時候會偏
多看待；而當指數偏弱勢或走空，他們卻仍得看多的時候，
就很容易出現「選股不選市」這句話。

這也是為什麼，聽從電視上的投顧分析師，常常虧更多。
投資人還是必須訓練自己做出正確的分析和判斷，別只看
了電視就盲目跟進，賠了錢，又抱怨「都是某某分析師害
我賠錢！」這對扭轉投資績效是無濟於事的。

多數個股上漲形成指數多頭趨勢

根據我的經驗，加權指數、櫃買指數與個股表現是息息
相關的。股市是一門實證的學科，任何專家、老師所說的
話，只要稍作統計和回測，就真假立判。

　　再複習一次道氏理論，指數和股價的走勢千變萬化，但是一定可以歸類為 3 種：1. 上漲（多頭）：高點一波比一波高、低點一波比一波高；2. 下跌（空頭）：高點一波比一波低、低點一波比一波低；3. 盤整：沒有明確的多空方向。

　　道氏理論也認為，趨勢不容易形成，但是一旦形成，不容易改變，這也是所有技術分析理論的根本。正因為股票走勢有其慣性，我們才能藉由這些慣性，預測未來的走勢。

　　指數與個股的關係，也有一種「80/20 法則」：1. 指數多頭：80% 股票上漲，10% 股票盤整，10% 股票下跌；2. 指數空頭：80% 股票下跌，10% 股票盤整，10% 股票上漲；3. 指數盤整：80% 股票盤整，10% 股票上漲，10% 股票下跌（當然這不是百分之百的絕對數字，只是一個大致的參考值）。

　　個股與指數互為因果，當多數的個股上漲，形成了指數的多頭趨勢。換個角度看，多頭氣氛熱烈時，也容易激勵投資人的進場意願、提高投入資金，導致個股的超漲。此時，如同在遍地黃金當中尋寶，想找到大塊的黃金明顯容

易許多。然而在盤整或空頭時，尋覓具備上漲動能的股票，就如同在遍地石頭挑選黃金碎屑。哪一件事情比較輕鬆愉快呢？自然是前者。

盡量在多頭時做多，可增加投資勝率

記得從前有一位投資界的前輩說過，最好的股票是「四順股」──美股指數是多頭、加權指數是多頭、類股指數是多頭、個股指數是多頭。而在「多頭做多，空頭做空，盤整不做」，就可以立於不敗之地。

為什麼這位前輩還觀察美股走勢？台股當中以電子類股居多（以 2020 年 1 月 9 日為例，電子類股成交金額占整體市場比重於上市指數約占 74%，於櫃買指數約占 82%），其中有許多電子類股是美國大型科技企業的供應鏈，因此台股在很多時候也會受到美股影響。

舉例來說，2019 年 1 月初開始，美國道瓊工業平均指數是多頭，台灣加權指數是多頭、電子類股指數也是多頭。若在 2019 年 1 月初到 2019 年 4 月底這個區間，交易

台積電（2330）這檔個股，成功獲利機率自然很高（詳見圖1）。

　　所謂的「市」，也可以視為「勢」。選股不選市（勢）當然也有賺錢機會，不過，市（勢）不對，選股會很難。

　　既然如此，想要提高投資勝率，我會建議正視指數的趨勢，盡量順著趨勢做交易，等勢對的時候再做。要跟著指數強弱作為個股交易參考，並掌握住指數的趨勢、型態及位階，適度調節持股比重及持有檔數（詳見表1）。

　　以2019年初為例，當時加權指數即將打出W底，在指數站上月線及季線時，即可開始布局。當時剛開始起漲，指數位階較低，持股比重約可維持在80%～100%。

　　以「等距離目標滿足法」計算，當指數反彈到達目標價（或稱目標區）時，可進行減碼，此時持股比重約可控制在60%～80%。

　　其後，等指數站上年線，此波多頭格局確立，接下來指

圖1 2019年1月～4月台積電為「四順股」

美國道瓊工業平均指數日線圖

加權指數日線圖

2019年1月～4月，美國道瓊工業平均指數、台灣加權指數、電子類股指數及個股台積電皆為多頭，台積電可謂標準的「四順股」

電子類股指數日線圖

台積電（2330）日線圖

資料來源：嘉實資訊

143

表1 **投資宜順勢操作，同時調節持股**

股市趨勢、型態、位階與持股比重關係表

結構		持股調節
趨勢	多頭	高持股比重
	空頭	不做多
	盤整	降低持股
型態	底部起漲時	底部起漲時部位最高
	續漲	持股不變
	頭部	有做頭現象迅速降低持股
	續跌	起跌時出清持股
	整理	降低持股
位階	初升段（低位階）	高持股比重
	主升段（中位階）	持股一半
	末升段（高位階）	持股比重愈低愈好

數每上漲約 3% 則減碼 1 次。當指數漲到相對高檔，且成交量、技術指標都出現背離，可根據持股各自的表現，逐漸減碼或出清持股（詳見圖 2）。

　　也要留意，當指數來到末升段，也就是指數上漲趨勢來到最後一波的時候，要有指數進行修正的認知。仍在手中的持股，也有極高機率會跟著修正，一定要有停損的準備。

圖2 指數位階攀高，逐步降低持股比重和檔數
加權指數日線圖

❶指數即將完成 W 底，選擇於站上月線及季線時開始布局，持股比重
80% ～ 100%；❷以等距離目標滿足法評估，在到達反彈的目標區時可
進行減碼，持股比重約 60% ～ 80%；❸指數再漲約 3%，繼續減碼，
持股比重約 30% ～ 50%；❹指數再漲約 3%，繼續減碼，持股比重約
30%。此時成交量、技術指標都出現背離，根據個股表現減碼或出清持股

資料來源：嘉實資訊

指數高檔不做空，保留現金是最佳策略

指數來到相對高檔，減少持股是為了避開指數可能的修
正。也有學生問我，是否能夠「用空單避險」？例如，持

股市值約 400 萬元，覺得盤勢有風險，就去做空等比率的期貨，或是以選擇權做空、或買進反向 ETF 等。萬一指數下跌了，做空部位產生獲利，就可以抵銷股票的虧損風險。這種方式乍聽之下似乎頗有道理，但是大多數散戶並沒有受過專業訓練，布局空單後，往往沒有想到接下來要如何收尾。

事情的發展會有 2 種常見的版本：

1. 指數真的如預期下跌，個股現貨也跟著下跌而出現虧損，做空部位則產生獲利，那麼要虧損的現貨停損，續抱獲利的期貨？或是期貨獲利了結，續抱虧損的現貨？這都是很困難的決定！因為你會擔心做錯選擇導致更大的虧損。

以空單避險，只是藉由一多一空的部位把風險鎖在一個區間內，最終仍然必須個別面對期貨跟現貨賣出的風險，讓問題更複雜。

2. 這個版本比較不幸，起初因為預期指數可能大幅下跌，做空等比率期貨；沒想到天不從人願，指數不跌反漲，期

貨空單產生虧損；偏偏你續抱的個股沒有漲，反而下跌，也出現了虧損。多空兩邊都賠錢，更加悲慘。

　　不管是選擇做空，或是選擇做多，都是為了賺價差，而不是避險；最好的避險方法，就是保留現金！而不是說，有現貨做多部位，然後又擔心指數趨勢反轉，所以做部分空單避險，這是相當致命的做法。

　　做多就做多、做空就做空，最忌諱一手多、一手空。股市中很多迷思，還有許多以訛傳訛的誤用，包括工具的誤用、觀念的誤用、策略的誤用等。投資人在學習的過程中，必須慢慢破解這些迷思。

　　不過空單當中有一種例外。期貨、權證和選擇權有種「對鎖交易」方式，同時布下一邊多單、一邊空單，只要兩者價差一出現獲利，就同時平倉。這是屬於很高階的套利交易，與上述的避險操作迷思不同。

　　讀到這邊，投資人應該會覺得疑惑，既然避險操作要賺錢不容易，為什麼會流傳這種說法呢？事實上，避險操作

是法人會使用的手法。因為法人持有現貨部位相當高，當指數震盪，一旦一次性賣出，恐怕會變成多殺多，自己踩自己，股價崩跌更嚴重。

由於法人持有的個股可能是一些長期投資部位，或是公司為了經營權和策略布局，又或者是基金公司須遵守基金持股比重的規範，所以不能隨便賣出。為了維持整體長期投資部位的淨值，就必須透過部分避險單，利用做空的獲利以消除帳上部位的虧損程度。

而身為一般散戶，如果不在指數高檔避險，萬一突然崩盤，股票賣不掉怎麼辦？散戶資金部位若達到幾千萬元，已屬大戶等級；即便是這樣的部位，除非是成交量非常低的特定小型股，否則一般成交量高、流動性佳的中大型股票，只要願意賣，都是賣得掉的。若真的擔心指數修正，採取「低持股」，或是「空手不持股」就是最好的避險策略。

2-8 買賣股票的週期
由市場決定

　　技術分析的操作者，在股票交易週期方面，大概可以這樣分類：極短線（當沖或隔日沖）、短線（１週～２週）、中線（１個月～３個月）、中長線（３個月～１年）、長線（１年～３年）、極長線操作（３年以上）。

　　大家都是知道我是做短線或中線操作，曾有學生問我：「老師，你做好短喔！我都是做長的。」我反問他：「假如你買進１檔股票，１週漲 50%，你會不會賣？」他說：「當然會。」我再問：「你不是說你做長嗎？」他答不出來了。

　　同樣的問題，假如買進後連續３根跌停板，因為打算長線投資，所以不停損嗎？

　　只要你著眼的是「賺價差」，就必須清楚１件事──買賣股票的週期，不是你決定的，是市場決定的。

台股以電子類股為大宗，上市櫃市場、興櫃市場，有許多中小型股；除了大型權值股和部分冷門股之外，許多個股對於基本面、消息面的反應都比較敏感，股性也較為活潑，以多頭趨勢而言，短期趨勢可能幾週就結束，稍微長一點的波段，若能持續 3 個月～ 6 個月就算是滿長的週期了。所以，嚴格來說，我做短線或中線操作，不完全是我決定要這樣，而是市場決定的。

若有個投資人明明是想賺價差，卻說自己在做長線，但是報酬率又不理想，就代表他只是隨意買進，買進之後沒有上漲就丟著不管，然後接下來就不知道該怎麼辦了。所以會做長線的原因，只是因為他不會抓轉折點和買賣訊號。

如果買進之後有小賺也就算了，偏偏多數人是買進之後就套牢，然後說服自己是在「存股」、「長線投資」。

不清不楚、不知道該何時買賣的「偽長線操作」，卻偏偏是最多散戶使用、也是極為危險的操作方式。因為最後的結果往往不是長抱，而是長套。更可怕的是還有部分投資人多空趨勢不分，盲目攤平，最後陷入萬劫不復。

波段操作買進1～2個月未出現續抱理由則賣出

正因為確切的交易週期是取決於市場，因此每當有朋友問我：「某檔股票能不能抱長一點？」「能不能抱過年？」我都很難做出最完美的答覆。

技術交易的操作，最難的問題，一直都是時間。一檔股票發動之後，可以去觀察股價發動點，也可以嘗試估算目標價，但是多久會漲到目標價？

實務上很難預估，有時候發動沒幾天就到目標價，有時候也可能階梯式邊盤邊漲。我們只能觀察目標價及轉弱訊號，來制定賣出策略，並且紀律執行，而不是單純以時間為賣出策略。

當然，還有一種狀況是，依據買進訊號進場之後 1 個月～2 個月，既沒有上漲到我預設的停利點（目標價區間），但也沒下跌到停損點，同時也找不到其他繼續持有的理由時，我通常會選擇放棄，將資金挪出，另外找其他更適合、更有上漲機會的股票，讓資金的運用更有效率。

2-9 規畫可投資資金 50萬元以上較能完整布局

　　目前在台股盤中買賣股票,是以 1,000 股為一個交易單位。買進每股股價 20 元的股票要花費 2 萬元,買進每股股價 100 元的股票就要花 10 萬元(不含手續費)。那麼剛開始投資,要準備多少資金比較恰當?

　　這當然沒有標準答案,不過,我要分享的投資方法都是以現股買賣為主,且會採取分批投入的布局策略,建議資金部位至少有 50 萬元以上。假如現股操作資金部位太低,學習的動力和賺賠的感受,相對會小很多。例如投入 15 萬元,賺了 100%,也不過就是 15 萬元。稍有投資經驗的同學就會知道,要賺到 100% 是何等困難?反過來,假定你有 50 萬元的資金,投資報酬率 30%,就能獲利 15 萬元。

　　不過,如果 50 萬元現金正好是你所有的資產,不管你

年紀再輕、再怎麼願意承擔風險，我會建議等到再累積多一點資產再開始交易，避免把所有資產都拿去交易股票。

從資產配置去衡量投資的資金

投資的資金部位，最好從根本的「資產配置」去思考，建議可以分層規畫：

1.盤點總資產

首先清點自己擁有多少資產？包含現金、定存、基金、外幣、黃金、債券、房地產（不含自住的房屋，若有投資用的房產，也只估算正資產——市值減去尚未清償的金額）等「有價值」的資產。

2.視風險承受度決定可投資部位

接下來要評估，打算將多少資金配置在股市當中？這會依據每個人的年齡、風險承受力、操盤能力等因素而有所差別。

年紀愈輕，資產較少，可承受投資失利的風險相對高，

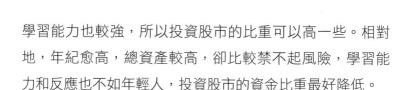

學習能力也較強,所以投資股市的比重可以高一些。相對地,年紀愈高,總資產較高,卻比較禁不起風險,學習能力和反應也不如年輕人,投資股市的資金比重最好降低。

3.視環境評估風險程度,決定持股比重

假設總資產共有 500 萬元,決定在股市配置 60% 的資金,可投資部位即為 300 萬元。但是,這不代表隨時隨地都要把 300 萬元放進股市;可依照當時國際局勢、指數型態、指數強弱來衡量風險程度,進而決定投入金額上限。

例如,評估後認為環境「非常樂觀」,則將投入金額上限訂為 300 萬元;若認為「樂觀」,則訂為 150 萬元;「保守」則訂為 100 萬元。

4.視指數位階進一步調節持股比重

如果想要更謹慎,還可以再依照當時的指數位階,進一步調節持股比重。

確定當下要用多少資金投入股市之後,才能再進入正式的投資。

　　為何需要有不同的持股比重？一整年大約有 240 個交易日，不會日日都是交易的好時機，當加權指數和櫃買指數有修正風險時，整體上漲動能必然不足，會增加操作和選股難度，所以自然需要調節持股比重。

　　前文提過「選股也要選市」（詳見 2-7），若國際局勢好，台股處在多頭架構、風險小、好操作時，可以增加持股，將部位放大；相反的，若國際局勢緊張，空頭或盤整時，操作風險高，則將持股部位降低，甚至空手。如果不幸虧損，還可以有預備資金來加碼好股（詳見圖 1）。這個邏輯也可以套用在投資報酬率（以下簡稱投報率），我稱之為「投報率跟資金部位背離的操作」，原則如下：

　　1. 資金部位高，追求投報率愈低：目標是安全獲得穩健報酬。

　　2. 資金部位低，追求投報率愈高：目標是承擔較高風險，盡可能獲得高報酬。

　　比方說，可投資部位是 100 萬元，想追求 1 年 20% ～

30%，甚至 50% 的投報率，那麼 1 年就能賺取 20 萬元、
30 萬元、50 萬元。

當可投資部位累積到 500 萬元時，若不希望所有資金都
承受高風險，即可降低目標投報率。例如只拿出 20% 資金
投入股市追求高報酬，另外 80% 資金則放在低風險但穩健
的商品。如此一來，就能在安穩的基礎上，繼續從股市取
得獲利。

投資新手切勿盲目放大投資部位

要記住一個很重要的重點，在投資能力和技巧尚未純熟
之前，不要放大投資部位。例如可投資金額 100 萬元，經
過 1 年的時間，因為虧損而縮減到 80 萬元，此時切勿再
投入新的資金。反而應考慮是否要縮小部位，將剩餘的 80
萬元部分轉為定存，因為你的投資方法可能有問題，必須
進行檢討、修正和優化。

初學者在第 1 年，最好用較少的資金部位來嘗試。等到
獲利穩定、投資技巧純熟，熟悉操作節奏之後，再慢慢放

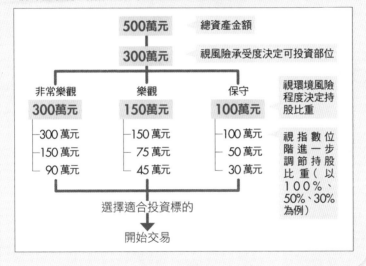

圖1 盤點總資產，並視狀況調節投入資金
投資部位運用範例

假設資產500萬元，考量風險承受度後拿出300萬元投資，仍須視外在環境、指數位階等因素靈活調節實際投入部位。

大部位。我看過許多投資新手，常常因為一開始順利賺錢而過度樂觀，就盲目重壓，這樣是相當危險的。至於操作股票的檔數，以短線或波段操作而言，我建議可控制在 3 檔～ 5 檔。如果資金比較高，最多也不宜超過 8 檔，我認為這是一個技術面操盤人，同時能在盤中觀察變化的上限。

穩紮穩打——
設定盤中交易策略

第3章

3-1 選股階段1》
從6面向建立海選名單

正式進入買股票第1個會遇到的問題──究竟要買哪一檔？這個部分我自己建立了一套選股邏輯，稱為「漏斗式選股法」（詳見圖1）。

在第1個海選階段，可用盡一切所有可能的方式，以歌唱競賽海選的概念，寬鬆的建立觀察股。這個階段納入的股票名單，可能有50檔，甚至更多。

海選的來源，我一共採用了6大面向：1.法人籌碼股、2.熱門題材股、3.產業轉機股、4.內部消息股、5.主流強勢股、6.技術面訊號股。

面向1》法人籌碼股：關注法人青睞個股

台灣證券交易所、櫃買中心，每天都會公布三大法人（外

圖1 **建立海選名單，再以籌碼面縮小選股標的**
漏斗式選股法流程圖

選股階段1：
6面向建立海選名單

選股階段2：
籌碼面縮小選股範圍

選股階段3：
技術面篩選適合交易個股

交易：
盤前尋找個股發動點

資、投信、自營商）的買賣超個股（詳見圖解教學）；許
多券商網站（或是看盤軟體）、財經資訊網站也會整理出
相關資訊。

　根據三大法人買超的個股排名，挑選前 10 名或 20 名納
入海選名單，通常能找到一些不錯的標的。也可以分別觀
察外資、投信、自營商的各自買超標的，要注意的是，外

資買超股，以大型股和權值股較有參考價值；投信買超股，則以中小型股較有參考價值；自營商因為交易週期比較短，連續意義較小，參考功能不大。

這只是我們的第 1 關，篩選方式可以比較寬鬆、隨興。有些券商或財經資訊網站還會提供進一步的功能，例如依據「外資或投信連續 3 天買進」條件所做出的個股排行等，也能讓我們藉此關注到法人近期青睞的個股。

面向2》熱門題材股：須提防追高風險

電視、報章、網路等媒體，每天早上都會有晨報或是早報。尤其《非凡財經台》、《工商時報》，也會介紹一些基本面不錯，或是有消息面利多的股票，例如「公司業績大好」、「公司訂單爆量」、「營收創下今年新高」、「缺貨題材發酵，公司漲價因應」等。

這些標的因為在媒體大量曝光，也常常成為市場投資人聚焦的重點股票。不過，這類股票因為有利多加持，股價通常已漲了一段，位階也多半處於主升段，甚至是末升段。

雖可納入海選名單內，但是後續透過技術面進一步觀察時，要特別留意股價是否有上漲空間，提防被利多出貨的追高風險。

面向3》產業轉機股：較適合中長線布局

可以留意進入產業循環谷底，股價卻出現利空不跌的大型權值股和景氣循環股。由於經歷了長期走空走勢，經過一段時間的打底之後，可在剛剛站上年線時納入觀察；此時產業最壞的時候通常已經過去，股價低、位階也偏低，可找機會參與。

因為是大型權值股或產業龍頭股，操作上，我會比較敢重壓。只是由於上漲時間會拉得較長，資金要有放中長期的準備。

技術分析的缺點是每筆交易合理的獲利區間通常在10% ～ 20%，多則 25% ～ 30%。若要一次性賺到50%甚至倍增的獲利，就必須靠這類的股票，較有機會一次性取得較豐厚的獲利。

面向4》內部消息股:特別留意股價位階

大家或多或少都會有親友在上市櫃產業任職,例如偶爾會聽到七叔公、八嬸婆的兒子是某家知名上市公司的高階工程師;或是朋友的結拜大哥是某高科技公司的財務主管,甚至你就是該公司的員工,因而可以得到一些業績面或經營面的消息。

這類標的時不時會出現在你的身邊,當然也可以納入海選名單當中。只是要特別注意,這類標的通常大好大壞,當你聽到消息,若不是真的大漲,不然就是已經利多出盡。由於初升段、主升段、末升段、初跌段、末跌段都可能會有消息,對於不會估算目標價、不會掌握股價位階高低的投資人,千萬不要一聽到消息就貿然買進。

面向5》主流強勢股:可能強漲但相對低調

這類股票往往漲得比國際股市、大盤指數、類股指數都還要強勢,是上漲幅度最大,速度最快的標的,通常會具備一些特徵:高度的討論、K線上漲角度陡、上漲的幅度大、

成交量能大。

　　主流強勢股與熱門題材股很相似，等你發現這些股票時，它們也很容易處於主升段甚至末升段。最大的不同點在於市場聚焦程度，主流強勢股很可能強漲，但不一定很多人知曉；但熱門題材股則是已經廣為人知，但不一定漲很多。

面向6》技術面訊號股：技術面出現發動訊號

　　坊間很多免費的財經資訊網站或智慧型手機 App，都有所謂的「智慧選股」功能，直接幫我們列出技術面發動的標的，例如：量大股、漲停股、昨日漲停股、買氣股、開盤強勢股、5 日強勢股等，也可以先將這些名單納入海選名單。只是，這樣的工具只能告訴我們，這些個股短時間內是強勢的，或是有技術面發動現象，是否還有上漲空間，就必須進一步評估。

　　整理好上述海選方式納入的名單之後，就要進入後續第 2 階段、第 3 階段的籌碼面與技術面篩選流程。

圖解教學　查詢三大法人買超上市股

查詢三大法人買超上市股，可進入台灣證券交易所網站
（www.twse.com.tw/zh/），點選❶「交易資訊」、❷
「三大法人」、❸「三大法人買賣超日報」。

臺灣證券交易所

| 關於證交所 | ❶交易資訊 | 指數資訊 | 上市公司 | 產品與服務 |

盤後資訊

- 每日收盤行情
- 每日市場成交資訊
- 每日第一上市外國股票成交量值
- 每日成交量前二十名證券
- 每5秒委託成交統計
- 各類指數日成交量值
- 個股日成交資訊
- 當日融券賣出與借券賣出成交量值
- 個股日收盤價及月平均價
- 個股月成交資訊
- 個股年成交資訊
- 盤後定價交易
- 零股交易行情單
- 個股日本益比、殖利率及股價淨值比(依日期查詢)

- 個股日本益比、殖利率及股價淨值比(依代碼查詢)
- 暫停交易證券

升降幅度/首五日無漲跌幅

- 股價升降幅度
- 首五日無漲跌幅

變更交易

當日沖銷交易標的

- 每日當日沖銷交易標的
- 每月當日沖銷交易標的及統計
- 暫停先賣後買當日沖銷交易標的預告表
- 暫停先賣後買當日沖銷交易歷史查詢
- 應付現股當日沖銷券差借券費率

融資融券與可借券賣出額度

- 調整成數
- 融資融券餘額
- 停券預告表
- 停券歷史查詢
- 平盤下得融(借)券賣出之證券名單
- 融券借券賣出餘額
- 當日可借券賣出股數
- 借貸款項擔保品管制餘額

標借

❷三大法人

- 三大法人買賣金額統計表
- ❸三大法人買賣超日報
- 三大法人買賣超週報

上市公司整合資訊 (瀏覽代碼)： 代碼或名稱　搜尋

進入三大法人買賣超日報頁面，將❶「分類項目」調整為「全部」，點選❷「查詢」，頁面上就會顯示個股買賣超資訊。若要查詢三大法人合計買超，可點選最右欄❸「三大法人買賣超股數」一下，會先顯示賣超排行（股數顯示為負數）、再點選一下即可顯示為買超排行（股數顯示為正數），此處以❹2020年1月15日資料為例。

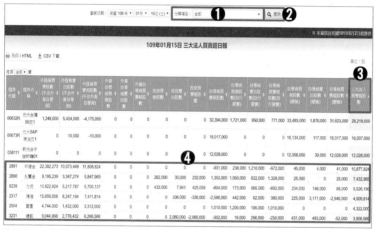

資料來源：台灣證券交易所

3-2

選股階段2》
觀察籌碼4指標縮小選股範圍

漏斗式選股法的第 2 階段為籌碼面篩選，籌碼面雖在選股過程有一定的重要性，然而也非決定買賣的最終依據，因此只要觀察 4 個主要指標：1. 三大法人買賣超、2. 融資融券、3. 買賣家數、4. 主力指標。

指標1》三大法人買賣超：連續買超易推升股價

三大法人包含外資、投信、自營商，以下依序說明我對這三大法人的觀察：

1.外資

先看最重要的「外資」，又分為短線投機的外資（避險基金及對沖基金）、長線價值投資的外資、退休基金的外資、被動式指數型基金的外資等。除了避險基金及對沖基金，其實多數外資的買賣行為多具備連續性（建立部位會

分日逐漸買進,不會只集中在 1 天、2 天),容易推升股價,因此有重要的參考意義。

但有時候大型股、權值股的外資籌碼,可能會為了控盤因素,出現外資超買或超賣的假象。這種控盤的買賣盤,容易與個股基本面脫鉤,外人也很難判斷外資的意圖。

追蹤外資籌碼,常遇到「布局週期」的問題。法人建立部位時,通常是奠基於產業面和基本面的長線思維,若看好未來 6 個月的公司營運就會買進。如果公司營運如預期,基本上在 6 個月後,股價也會跟著扶搖直上。

而交易週期在 1 個月~ 3 個月之內的短線或波段投資人,若要參考外資籌碼,自然就會產生時效性的問題。因此對我來說,外資籌碼適合作為是否要「持有」的參考,而非決定買賣的交易工具。

另外,若是被動型基金的外資,必須買進追蹤指數的成分股,所以會產生不得不的買盤或賣盤。這種被動性的買盤較不具備連續性,推升股價的效果也相對有限。

　　在嘉實資訊的看盤軟體當中，只要在個股 K 線圖上按右鍵，點選「增加副圖」，於選單當中選擇「外資」，就會在 K 線圖下方出現「外資持股」變化圖。

　　柱狀體是代表各交易日的外資買賣超張數（買超為紅色柱狀體，賣超為綠色柱狀體，紅色曲線代表外資累積持股，後文提到投信、自營商的副圖亦同）。

　　以智冠（5478）為例，2019 年 9 月起股價出現一波上漲。若在 9 月初注意到這檔股票，且同時觀察到外資也連續買超，可以增加買進的信心（詳見圖 1）。

2.投信

　　第 2 重要的法人是「投信」（證券投資信託公司），也就是國內的基金公司。投信主要的營運方式是向投資大眾募集資金為「共同基金」，並由專業經理人（或稱操盤手）執行投資標的交易。

　　按金管會《證券投資信託基金管理辦法》規定，股票型基金持股比率必須在 70% 之上；意味著台股未來行情不論

圖1 外資連續買超1個月，推升智冠股價

智冠（5478）日線圖

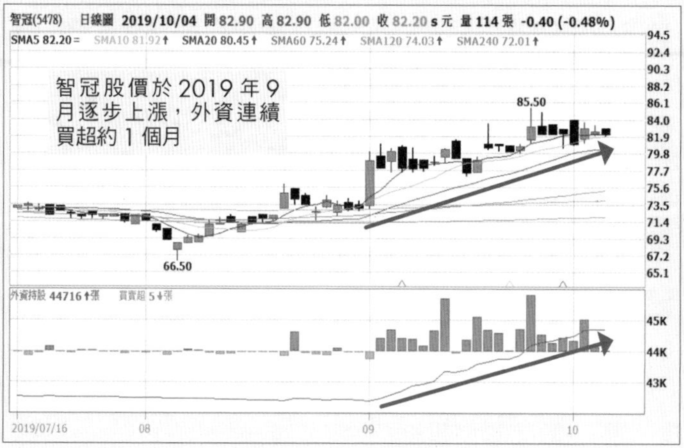

智冠股價於 2019 年 9 月逐步上漲，外資連續買超約 1 個月

資料來源：嘉實資訊

是看好和看壞，持股比重都須遵照規範。此政策雖然有助於維持證券市場的穩定度，但也顯然限制了投信的操作靈活度。各家投信都擁有研究團隊，尤其專精於研究本土中小型公司的產業，因此投信在中小型股的籌碼意義不輸外資；可以留意到，當中小型股受到投信的連續買超，股價也容易被推升（詳見圖2）。整體而言，外資買盤通常著眼於長期，投信買盤則是比較偏向於波段，作用在不同個

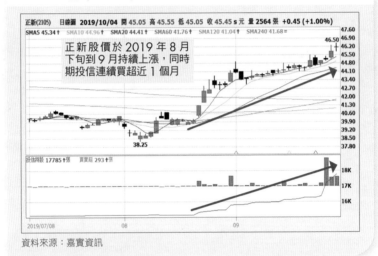

圖2 投信連續買超，推升正新股價
正新（2105）日線圖

資料來源：嘉實資訊

股上，股價表現也會有所不同，投資人也要特別留意。

3.自營商

最後看自營商。證券商依營業業務性質分為證券自營商、證券承銷商、證券經紀商這3個部分，當中的證券自營商，則簡稱為自營商。自營商主要是用公司自有資金進行投資，主要交易的商品是上市櫃公司股票和政府債券。身為證券

圖3 自營商買超，推升大宇資短線股價

大宇資（6111）日線圖

大宇資(6111) 日線圖 2019/10/04 開 111.00 高 113.00 低 110.00 收 110.00 s 元 量 1741 張 0.00 (0.00%)
SMA5 114.30↑ SMA10 106.07↑ SMA20 102.53↑ SMA60 98.09↑ SMA120 97.58= SMA240 107.92↓

自營商於 1 週內密集買超，
短線推升大宇資股價

123.50

86.90

自營商持股 1583↑張　買賣超 277↑張

2019/07/05　　08　　09

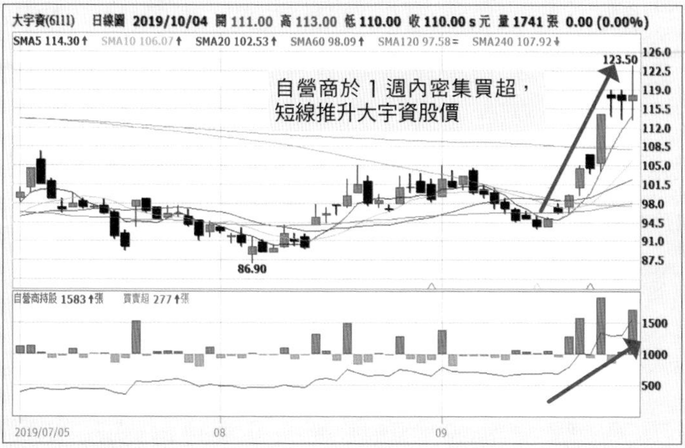

資料來源：嘉實資訊

商的一分子，自營商有時為了造市目的（為增加股票流動性而交易股票以創造行情），也會有各種不同的操作邏輯，而非只單純因為看好基本面或產業表現才進行交易。

由於自營商交易週期較短，被稱為法人中的散戶；尤其是股本較小的股票，自營商的交易行為會有助漲助跌的效果，有時也會產生追高殺低的狀況（詳見圖3）。

法人的買賣超是很重要的參考，但是股價跟外資、投信買賣超，並非一定呈正相關，而且法人有時也會有失誤。例如 2018 年 7 月～ 2019 年 1 月初，友達（2409）股價都在區間整理，外資卻持續買進長達 2 季（詳見圖 4）。

到了 2019 年 1 月底法說會後，可以看到法人對友達公告的獲利相當失望，開始認賠殺出，也造成友達股價一路下挫。所以觀察法人籌碼主要是增加我們的信心，並非實際交易的依據。

指標2》融資融券：融資減、融券增使籌碼穩定

融資與融券是屬於信用交易的一種，我不鼓勵新手過度使用信用交易，因為它的難度是做一般現股的好幾倍。不過，我們倒是可以將融資融券作為一種指標來看待。融資是借錢買股票，融券則是借股票來賣。兩者有手續費、槓桿倍數及時間的成本，因此融資買盤與融券賣盤，都是短期交易居多，也都是不穩定的。

現在的融資買盤，有可能變成將來的賣盤（股價下跌，

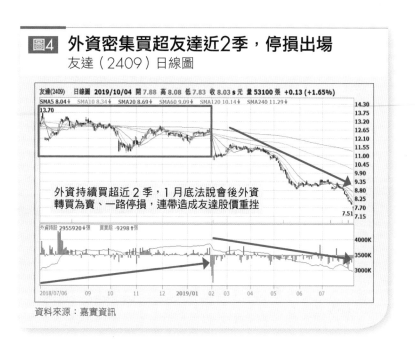

圖4 外資密集買超友達近2季，停損出場

友達（2409）日線圖

外資持續買超近 2 季，1 月底法說會後外資
轉買為賣、一路停損，連帶造成友達股價重挫

資料來源：嘉實資訊

融資者可能選擇賣股票以降低虧損）；而融券賣盤，也可能在不久的將來變成買盤（股價上漲，融券者可能選擇回補，還券給券商以降低虧損。而股東會前及除權息前也都會強制回補）。

由於法人不得使用信用交易，只有散戶可以使用，所以融資融券又被稱為散戶的溫度計（主要指短線而且積極交

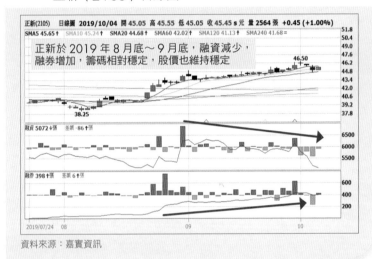

圖5　融資減、融券增為籌碼穩定條件
正新（2105）日線圖

資料來源：嘉實資訊

易的散戶）。既然如此，我們希望標的最完美的情況是，「融資減、融券增」，融資減，代表能減輕短線賣壓；融券增，則代表未來的回補力量（詳見圖5）。

　　要特別注意的是，長多頭架構中的主升段以及末升段，融資增加是正常的；因為更多投資人共同參與，才能產生推升股價的力量，所以不見得融資增加就一定不好（詳見

圖6 主升段融資券增加使交易熱絡

國巨（2327）日線圖

資料來源：嘉實資訊

圖6）。另外，如果融券的趨勢不明顯，或看不出與股價相關的具體意義，那麼只要觀察融資即可。

指標3》買賣家數：買進比賣出少代表籌碼集中

除了上述法人及散戶籌碼之外，再來談談我很常用的「買賣家數」籌碼指標。這個指標是將當天買超股票的券商家

數,減去賣超股票的券商家數。

如果買超股票的券商家數少(例如 15 家),賣超股票的券商家數多(例如 40 家),買超家數就會呈現負值(15-40 = -25);表示股票從多數人手上集中到少數人的手中,代表籌碼趨於集中(詳見圖 7)。

而在看盤軟體中也可以加入買賣家數這個指標的副圖,當買賣家數為負值,則以綠色柱狀體呈現;相反的,若買超券商多、賣超券商少,買賣家數則為正值,代表籌碼趨於分散,當天指標以紅色柱狀體呈現。

買賣家數屬於短線籌碼指標,紅綠柱狀體轉換極快,有時會忽紅忽綠;因此,紅綠柱狀體的連續性比較重要,中間偶爾有 1 天、2 天紅綠交錯,不用太在意。

指標4》主力指標:連續性買超象徵多方籌碼

最後一個可以觀察的籌碼指標是「主力指標」,以嘉實資訊的看盤軟體為例,計算方式為:買賣超各前 15 名券

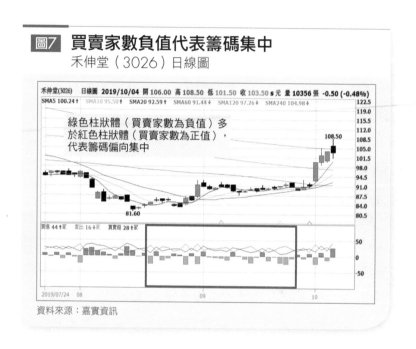

圖7 買賣家數負值代表籌碼集中

禾伸堂（3026）日線圖

資料來源：嘉實資訊

商的買進張數減去賣出張數；數值為正值就是買超，負值則為賣超。若出現連續性的買超，可視為連續性買盤，選股時可以幫我們增加買進信心（詳見圖 8）。

　　看盤軟體所設定的這項主力指標條件，與傳統大家認知的主力（擁有雄厚資金的大戶）還是有所不同，因此可別以為這個主力指標可以完全反映市場主力的買賣狀況。

除非你認識主力，知道他有多少個人頭帳號、在哪幾個券商開戶下單、每天操作了哪些股票等內幕，才有辦法去追蹤與推估主力的買賣狀況。因此，看盤軟體上的主力指標只能當作輔助參考，不能當作主力大戶買賣的絕對證據。

所有指標呈現籌碼集中，為最優先考量

在「漏斗式選股法」第 1 階段建立的海選名單，或許有 50 檔～ 60 檔個股；到了第 2 階段，我就會利用上述 4 個籌碼指標工具綜合檢視這些個股，如果外資或投信連續買超（外資與投信同時連續買超更好）、融資券、買賣家數、主力指標全都站在多方，就會被我進一步選入第 3 階段的評估名單。

由於我會綜合觀察各個籌碼指標，所有指標都呈現籌碼集中的狀況，為最優先的考量。但是，也不見得會只因為一個籌碼訊號不好，就認為這檔股票籌碼面不佳。若要針對籌碼指標的重要性排序，優先順序大致為：外資→投信→買賣家數→主力→融資融券→自營商。倘若只有單一指標呈現籌碼很好，或是籌碼指標一半偏多、一半偏空，且

圖8 **主力指標連續買進可視為連續性買盤**

東陽（1319）日線圖

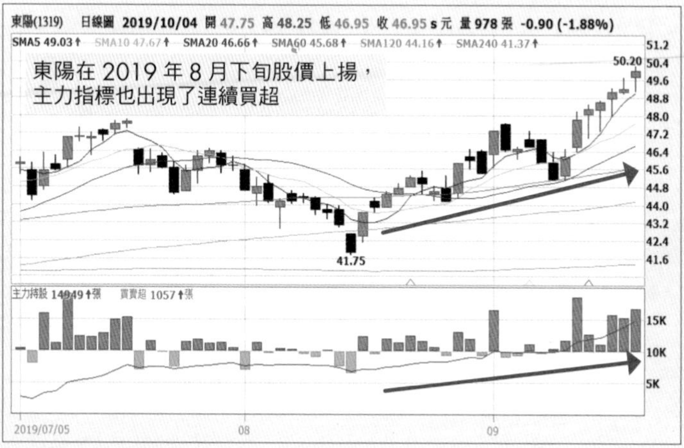

東陽在 2019 年 8 月下旬股價上揚，
主力指標也出現了連續買超

資料來源：嘉實資訊

股價盤整，我會先觀望或剔除，畢竟上市櫃股票有上千檔，
還有很多更好的機會。

只有一種很特別的除外狀況，就是當上述籌碼指標都站
在空方，股價卻不跌反漲，這時候可能要反過來思考——
可能有 1 隻看不見的手，正在默默吃貨，而它的力道又比
有著墨此檔個股的法人或散戶更強。

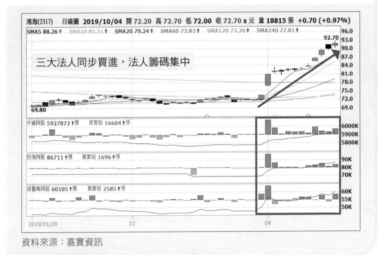

圖9 鴻海2019年3月底起，三大法人站在買方

鴻海（2317）日線圖

　　從投機一點的想法思考，可能是公司派或是傳統主力進場，後續股價表現有時候反而會有大驚奇，所以我還是會列入觀察。

籌碼觀察範例1》多方：以鴻海（2317）為例

　　當1檔股票的籌碼都站在多方時，選股時可增加信心。

圖10 鴻海融資、主力指標、買賣家數皆在多方
鴻海（2317）日線圖

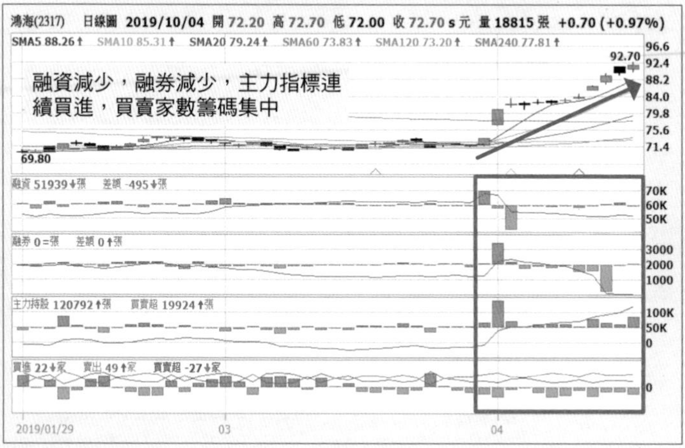

資料來源：嘉實資訊

以鴻海為例，2019 年 3 月底開始，三大法人同步站在買方，連續買超約 2 週（詳見圖9）。

　　同期間，融資減少、融券減少（能夠增加為佳，但是因為其他籌碼指標已夠強勢，融券可忽略）。主力指標呈現連續買進；買賣家數多為負值代表籌碼集中（詳見圖10）。整體而言，此期間鴻海屬多方籌碼，有利股價上漲。

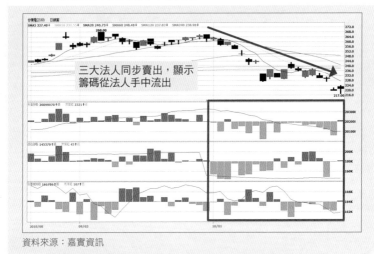

圖11 2018年10月三大法人同步賣出台積電

台積電（2330）日線圖

資料來源：嘉實資訊

籌碼觀察範例2》空方：以台積電（2330）為例

當籌碼指標都站在空方，則短線上的股價恐怕也不會太理想，選股時我會先剔除。以台積電為例，即使是近年股價為長線多頭，過程中也會有向下修正的時刻。可以看到2018年10月，三大法人同步賣出台積電，法人籌碼流出（詳見圖11）。

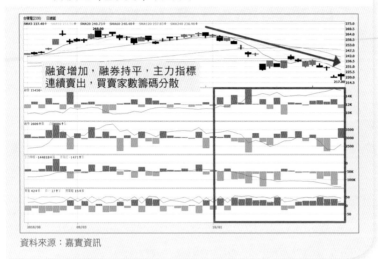

圖12 台積電融資、主力指標、買賣家數皆在空方
台積電（2330）日線圖

融資增加，融券持平，主力指標
連續賣出，買賣家數籌碼分散

資料來源：嘉實資訊

　　再看另外 3 個籌碼指標，融資增加，融券有減少趨勢（能夠減少雖可正面解讀，但是其他籌碼指標已相當弱勢，融券相對不重要，可忽略）。主力指標則為連續賣出，明顯偏空；買賣家數多為正值，顯示籌碼分散（詳見圖 12）。

　　整體而言，籌碼主要站在空方，這段期間的台積電股價也轉趨低迷，就並非適合積極在短線做多的標的。

3-3　選股階段3》
用技術面5工具篩選個股

　　選股流程的最後階段，則是透過 K 線圖、價量關係、均線、KD 指標、MACD 指標等 5 大技術面工具，進行最後的過濾。這階段的篩選是我最重視的部分，通常可以精選出 10 檔以內的標的，目標是選出有上漲空間、有發動訊號的潛力黑馬股（詳見圖解教學）。

工具1》K線圖：判斷趨勢、位階、型態

　　首先要從 K 線圖判斷趨勢、位階、型態。在「趨勢」的部分，做多的投資人，自然是要選擇處在多頭趨勢的股票，或者是盤整後剛剛突破（或即將突破）的趨勢，才有機會參與到「高點愈來愈高，低點愈來愈高」的上漲走勢。

　　在位階的部分，分為低位階、中位階、高位階。買進股票的首選，最好以低位階、剛剛起漲的股票為主；如果已

經漲了一段，處在中高位階，就要評估是否還有上漲空間。

　型態的部分，則是要判斷目前股價是處在頭部、底部起漲、續漲、續跌或整理。做多的投資人，要選擇「底部起漲」（股價突破底部，詳見 2-5）和「續漲」為主（在突破底部後持續上漲）。

　以漢磊（3707）為例，趨勢為長空頭進入低檔盤整，2019 年 7 月底可看到有逐漸轉為多頭的跡象；位階仍低，型態上則出現近 1 年的明確大 W 底。

工具2》價量關係：底部翻漲有帶量中長紅K線

　在技術分析領域，個人以為不論是老師或學習的學生，在教學和學習上有 3 個工具是最困難的：1. 直線趨勢線、2. 型態學、3. 價量關係。這 3 者牽涉到主觀判斷，需要很大量的實戰經驗累積，才能做出更準確的分析。

　其中，價量關係在本書只會點到為止，投資人只要記住以下原則：

1. **多頭價量關係**：價漲量增、價跌量縮。

2. **空頭價量關係**：可能價跌量增，也可能價跌量縮；但反彈時是價漲量增。

3. **多頭力竭、頭部現象**：高檔出現爆量長上影線，或是帶量中長黑 K 線。

4. **空頭力竭、底部現象**：低檔出現爆量長下影線，以及帶量中長紅 K 線。

同樣以漢磊為例，打底將近 1 年，2019 年 8 月底出現帶量中長紅 K 線，且站上頸線，確認中長線大底完成（詳見圖 1）。

工具3》均線：最好呈現多頭排列

移動平均線代表著投資人的平均成本，股價在移動平均線之上，表示多數人都賺錢，視為多方。移動平均線上揚，代表更有效的支撐，也容易助漲；若股價下跌回檔到上揚

圖1 2019年8月底漢磊帶量突破大W底

漢磊（3707）日線圖

❶2019 年 7 月底可看到漢磊趨勢由長空進入盤整，打出近一年的大 W
底，❷且有打算突破頸線的轉多跡象；挑戰頸線未果後，再於 2019 年 8
月 28 日出現❸帶量❹中長紅 K 棒，且站上頸線，確認中長線大底完成，
符合底部翻漲的技術面條件

資料來源：嘉實資訊

的均線時，就容易有支撐。即使股價跌破上揚均線時，也
容易出現假跌破（詳見 2-3、2-6）。以我慣用的短線波段
操作而言，較理想的均線狀態如下：

狀態1》股價站上均線，且均線上揚

大型股以 20 日均線（以下簡稱 20 日線，其他週期亦同）為準，中小型股以 10 日線為準。

狀態2》20日線上彎

20 日線上彎，我才會考慮進場做多。

狀態3》均線上揚且多頭排列

均線上揚，且處在「多頭排列」（短天期均線在上方，長天期均線在下方），就是一個明確的多方架構。

以我慣用的短線波段操作而言，實務上會以 5 日線、10 日線、20 日線、60 日線為觀察目標。

以漢磊為例，2019 年 6 月中旬時 20 日線開始上彎。8 月底 5 日線、10 日線、20 日線、60 日線都上揚，且呈現多頭排列（詳見圖 2）。

工具4》KD指標：50以上黃金交叉為安全買點

KD 指標呈現近期股價的強弱，在以 KD 指標篩選買進股

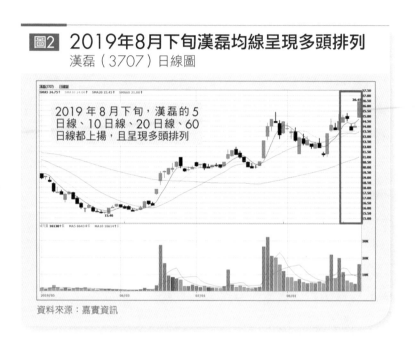

圖2 2019年8月下旬漢磊均線呈現多頭排列

漢磊（3707）日線圖

2019 年 8 月下旬，漢磊的 5
日線、10 日線、20 日線、60
日線都上揚，且呈現多頭排列

資料來源：嘉實資訊

票時，K 值向上穿越 D 值黃金交叉可作為短線買點參考；
如果 KD 指標能在 50% 以上，則是更安全的買點（詳見
2-6）。K 值向上穿越 D 值的開口，也決定股價短期的強弱；
開口愈大，向上代表多方力道愈強。

若 KD 指標升高到 80% 以上達 3 天則為高檔鈍化，此時
指標失靈，必須改看股價是否跌破 5 日線。若股價持續在

5 日線之上，則多頭走勢不變，可以續抱。

　　若股價已經漲了一段，也要留意是否出現 KD 指標高檔背離（股價創新高，指標沒有創新高）的超漲現象；此時要提高警覺，也可以看股價是否跌破 5 日線或 10 日線來決定賣點。至於 KD 指標的低檔背離，僅可視為短線超跌訊號，不宜貿然買進。

　　以漢磊為例，在 2019 年 8 月中旬，KD 指標出現黃金交叉後持續上升；8 月底時向上接近 80% 以上的鈍化區，為短線股價轉強現象（詳見圖 3）。

工具5》MACD指標：紅色柱狀體為多方強勢

　　MACD 指標主要用來看多空頭趨勢的強弱；MACD 數值在零軸以上、呈現紅色柱狀體則視為多頭，若連續多日為紅色柱狀體，代表多方強勢；反之，零軸之下、呈現綠色柱狀體則為空頭，連續多日則代表空方強勢。而當股價處在中期盤整，MACD 指標會失靈，忽上忽下，此時可先忽略這項指標。

圖3 KD指標黃金交叉透露短線股價轉強訊號

漢磊（3707）日線圖

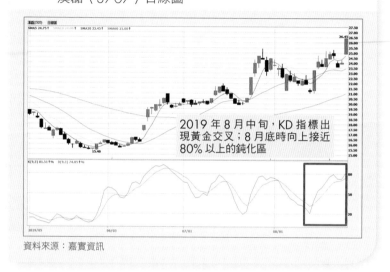

2019 年 8 月中旬，KD 指標出現黃金交叉；8 月底時向上接近 80% 以上的鈍化區

資料來源：嘉實資訊

　　跟 KD 指標一樣，MACD 指標也會出現背離狀況，發生高檔背離則為超漲警訊，同樣可觀察股價是否跌破 5 日線或 10 日線，作為賣出參考。MACD 指標若發生低檔背離，則為超跌訊號，在確認長空頭的落底和尋找買點時，也會比 KD 指標背離更準確。

　　以漢磊為例，自 2019 年 6 月中旬起，MACD 指標多

數時候在零軸以上，中期多頭格局確立（詳見圖4）。

　　而我在挑選底部翻漲的股票時，最重視 3 個條件：

條件1》型態：即將或剛完成底型

　　型態重於指標，看到「底型即將完成」，或是「剛完成底型」的股票，會列入優先考量。

條件2》均線：股價站上20日線且20日線上揚

　　20 日線是我最重視的均線，當股價站上 20 日線且 20 日線上揚，才會考慮做多。

條件3》KD指標：底型長達3月，週KD指標黃金交叉

　　打底的時間有長有短，根據經驗，要打出一個漂亮的底型，時間通常會達 3 個月以上，也較有反彈上漲的空間。此時可不看日線圖的 KD 指標（以下簡稱日 KD 指標），而是可以改看週線圖的 KD 指標（以下簡稱週 KD 指標），最好能有出現黃金交叉。

　　通常均線、週 KD 指標會先滿足上述條件，最後才會正式

圖4 MACD指標多日為正，確立多頭格局

漢磊（3707）日線圖

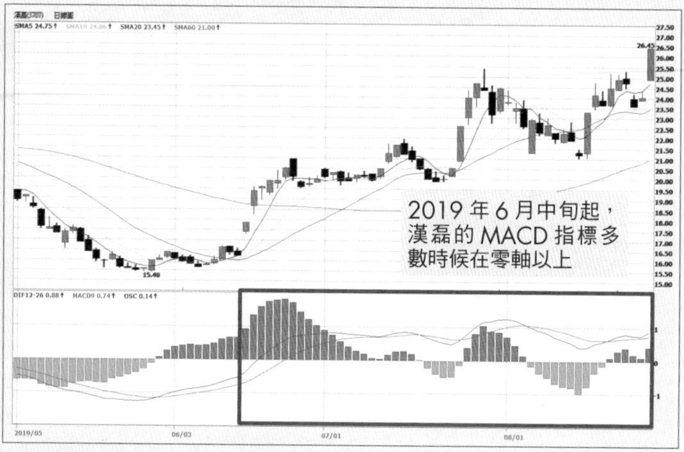

2019 年 6 月中旬起，
漢磊的 MACD 指標多
數時候在零軸以上

資料來源：嘉實資訊

完成底部型態。因此我會先在均線、週 KD 指標滿足條件
時，就先選入觀察股，等待進入交易流程。

　選股過程中，新手可以嘗試自己寫分析與解盤紀錄，搭
配紙本筆記更好，後續的回測和檢驗才會完整。

　一開始寫完一張解盤分析，短則 10 幾分鐘，長一點可

表1 透過漏斗式選股法，篩出10檔以內標的

股票交易流程簡表

流程	說明
漏斗式選股	透過漏斗式選股法，篩出10檔以內標的，輸入看盤軟體做觀察
目標價	用各種方式估算出合理目標價，倘若無法估算目標價也要有把握該檔股票有潛在15%以上的漲幅，才具備買進的條件
買點	透過盤中的觀察，找到明確的起漲發動訊號，依照規畫的買進策略與張數，執行買進動作
記住關鍵點位	買進1檔股票之後，一定要時刻設定並清楚記得3個價位：1.成本價、2.停利價、3.停損價。其中，停利價或停損價雖然名為「價」，但很多時候往往是一項指標或一種現象；而停損只能向上設定，不能向下設定
賣點	到了目標價前後，依照擬定的策略執行賣出的策略；或是未能到達目標價時，股票就轉弱，也要適時進行停損

能需要 20 分鐘。但是隨著你每天的練習，一日練一日功，時間便能縮短為 10 分鐘、5 分鐘；最後或許只需要用眼睛瀏覽，大約只需要10秒～20秒就能檢視完成一檔標的了。

透過完整的漏斗式選股法，可以將初始海選的數十檔個股，篩選到剩下 10 檔以內，接下來將這些股票輸入看盤軟體的觀察股中。

接下來的交易流程分別為：計算出目標價、尋找「明確發動訊號」的股票，準備找適當的時機買進。而在買進之後，可設定成本價、停利價、停損價等關鍵點位，也要擬定賣出策略並且確實執行（詳見表1）。

在看盤軟體同時查詢多項技術指標

以嘉實資訊的看盤軟體為例，K線圖為主圖，預設的副圖則為成交量。如果想要在下方同時呈現其他指標副圖，只要透過簡單的設定就能做到，這樣在分析和判讀時可以增加速度和效率。

在個股（此處以漢磊（3707）為例）的技術分析頁面，於K線圖上按滑鼠右鍵，點選❶「增加副圖」，即可選取想要增加的指標。

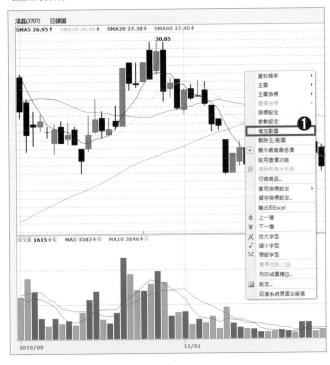

以選擇KD指標為例，則點選❶「KD」，再點選❷「完成
（K）」，頁面上就會出現❸KD指標的副圖。可持續增加副
圖到看盤軟體顯示的上限（以嘉實資訊而言，目前最多可同
時呈現5項指標副圖）。

資料來源：嘉實資訊

3-4 2核心工具＋2輔助工具 估算上漲目標價

在討論目標價估算法之前，想先聊一個有趣的問題：「我們應該預測股價和走勢嗎？」

曾聽過 2 派說法，一派說股價是不能預測的，因此完全不需要，甚至不應該預測；另一派說法，則認為股價可以預估，而且絕對要預估。

心理學有個說法叫做「錨定效應」（Anchoring Effect），這是指人們在做決策時，會對於第一印象（或既有的片面印象）過度重視，這個第一印象會像船錨牽引船身一樣，制約著人們其後行為。

舉例來說，甲店和乙店都陳列著品牌與規格完全相同的化妝品，定價為 1,000 元。而甲店主要是賣 500 元左右的平價保養品，所以習慣逛甲店的客人，突然看到這項

1,000 元的商品，會覺得「貴」。乙店則大多是賣單價 5,000 元左右的高價化妝品，習慣逛乙店的客人突然看到這項 1,000 元的商品，則會覺得「便宜」。

交易股票也一樣，當你一開始認識 A 股票時，它的價格是 60 元左右，然後也發現它總是在 60 元～ 65 元之間盤整；突然有一天，它突破 65 元起漲，就會覺得比一開始看到的 60 元貴了許多，而遲遲不敢出手，總想著「應該會再跌回 60 元吧？到時候再買比較便宜。」結果股價居然一路漲到 100 元。對於自己錯誤的預估，只能望之興嘆。

規畫股價走勢不等於預測走勢，必須隨機應變

波段操作股票，最怕被自己的預估所牽絆。而且我們必須承認，干擾股價走勢的因素，往往超出我們能預估的範圍。你似乎必須對未來有規畫，但又不能拘泥於你對未來的預測，而受限於預測結果。

因此，預測準不準不是關鍵，人不是神，偶爾 1 次～ 2 次買在最低點、賣在最高點，是受到神的眷顧。所以，雖

然波段操作者需要規畫盤勢,但是最重要的目的不是預測,而是做好因應策略;將蒐集到的資訊、數據、技術指標等,規畫出幾種可能的股價走法,然後執行對應的決策。

我在大學時期曾以藍色水瓶為筆名,出版過幾本校園愛情小說,因為這樣的經驗,我常常喜歡用戲劇和小說來比喻股票。

一般投資人沒辦法掌握股票的走勢和變化,大多時候是因為走勢沒有照自己的規畫進行。買進股票後,不會有人希望它下跌;既然不預期它會跌,也沒有規畫下跌後該怎麼因應的「劇本」;沒有劇本,等下跌真的發生,就會不知所措。

而一位成熟的投資人,都會有自己的一套投資系統,猶如戲劇劇本。我認為,初階投資人,心中至少要能編好 3 套股價走勢的劇本;中階投資人要能準備 5 套劇本;高階投資人則要有 10 套以上,我個人則有 13 套(詳見表 1)。這樣的觀念,也在很多前輩的書籍,以及資深的投資同好口中得到印證。

表1 **初階投資人規畫股價走勢，至少要3套劇本**

投資人規畫股價走勢劇本範例

投資人類型	初階投資人	中階投資人	高階投資人
規畫股價走勢 劇本數量	3套	5套	10套以上
股價走勢劇本 範例	1.上漲 2.平盤 3.下跌	1.大漲 2.小漲 3.盤整 4.小跌 5.大跌	1.直接漲停或緩漲後漲停 2.強漲 3.跳空大漲 4.大漲 5.漲 6.小漲 7.狹幅整理、或箱型整理 8.小跌 9.跌 10.大跌 11.跳空大跌 12.強跌 13.直接跌停或緩跌後跌停

註：狹幅整理指股價波動區間在 10% 以內，箱型整理波動區間多在 10% 以上，可能高達 20% ～ 30%，甚至更大的區間

　　投資人應該想清楚，規畫準確的時候，你該做什麼？而不準確的時候，你又該做什麼？所以規畫的走勢不應只有1種，應該是多選方案。接著依照可能發生的機率先後進行排序，做好各種可能的因應策略，那麼當任何情況來臨，都不會手忙腳亂。

盤中勿找急漲急跌原因，只須按擬定策略行動

還有一點要注意。盤中發現股價大漲或大跌，投資人常會急忙追問為什麼？事實上，除非你能接觸到內部人，否則這樣的提問，通常是多餘的。因為急跌一定代表有利空，急漲也勢必有利多，股價早在盤中反映，即使知道原因也沒意義。

既然是技術分析的波段操作者，看技術面訊號進場，當然也要看技術面訊號，依照盤前的規畫去因應就好。例如在股價跌破設定的賣點就迅速出場，或是股價突破設定的買點則迅速進場。等到盤後，再來蒐集資料，探究上漲或下跌的原因，以驗證今日決策是對是錯，作為要不要延續策略的參考，或是重新分析和擬定策略。絕不要在盤中汲汲營營找資訊，而錯過最佳交易時機。

決定買進股票前，先嘗試估算目標價

在買進股票前，我會先嘗試估算目標價，確定有至少15%的潛在漲幅才會考慮買進。有目標價可以依循，趨勢

方向會比較明朗，操作比較踏實；而且盤中不用過度盯盤，或是被短線的震盪盤整干擾，而太早賣出。

因此估算目標價在這個投資系統中，就變成一個相當重要的工作。

投資人對於目標價，可以有無限的想像跟期待，但我常常強調要有「合理的目標價」，也就是要有所本，不是法人說多少、媒體說多少、主力喊多少、投顧老師傳真稿寫多少，就一定是多少，否則容易陷入目標價的執著。

再者，最後目標價沒到、目標價剛好到、目標價漲超過……，個別對應的策略是什麼呢？有沒有因應的交易方式？這些都是比估算目標價更為重要的。

市場上流通的估算法相當多，但我個人比較常用的目標價估算方法，以技術面的圖形學派為主，常用的圖形為「反轉圖形」、「連續型態」；有時會輔助搭配技術面的指標學派工具「黃金分割率」，或是搭配參考法人提出的目標價評等交互驗證（詳見表 2）。

核心工具1》反轉圖形：適用於初升段

前文介紹反轉圖形時（詳見 2-5），已經介紹過底部型態的目標價估算方式「等距離目標滿足法」；而我只盡量挑選符合 W 底（雙重底）、頭肩底、多重底、弧形底等 4 種底型的股票，因為比較有利於估算目標價。

利用底部型態估算目標價，核心重點在於畫出 K 線圖的頸線，然後估算出底部的低點和頸線的價差，之後倘若能有效突破頸線的壓力區即宣告底型完成。頸線加上底部低點至頸線的價差，就是有效的目標價滿足區。

為什麼底部型態完成後，股票會以 1：1 的幅度上漲？從理論上來說，這是前人歸納無數的 K 線圖得到的現象。

若要深究其原因，是因為當股價打出明確底型後上漲，追求的是一個長空架構的短線反彈；正因為只是反彈，所以非常容易達到。

為什麼估算漲幅滿足會用 1：1 ？這是最保守的估算法，

表2 等距離目標滿足法可估算初升段目標價

常用目標價估算方式

項目	類別	用途
核心工具	1.技術面圖形學派：反轉圖形	以等距離目標滿足法估算底部反彈的初升段目標價
	2.技術面圖形學派：中繼圖形	估算主升段或末升段目標價
輔助工具	1.技術面指標學派：黃金分割率	股價原先是長空頭，之後出現反彈的初升段目標價，也可以搭配反轉圖形目標價估算法做交互印證
	2.機構評等估價法	參考多家券商機構對單一個股提出的目標價評等，再與技術面估算出的目標價相互驗證，但是不一定適用於所有個股

所以最容易成功，也因為這樣，實際上應用時很容易出現超漲的現象，不表示上漲距離只有 1：1。

再強調一次，這 4 種底型的反彈成功率高低順序為：頭肩底＞多重底＞雙重底＞弧形底。

但是實務上在繪圖和判斷時，不一定要拘泥於是哪一型；只要能夠畫出頸線、確認低點，就能估算出有效的目標價，這才是最重要的！

核心工具2》中繼圖形：適用主升段或末升段

除了底部反轉圖形之外，另一個重要的圖形就是「中繼圖形」（又稱為連續圖形）。也就是股價原本是漲勢，經過一段連續的盤整或小幅回檔後，又繼續展開上漲走勢。這種中繼圖形與底部反轉一樣，不只可以找到買點，還可以估算有效的漲幅。

多頭趨勢可分為初升段、主升段、末升段，我在最初發展自己的交易系統時發現，最安全且最容易賺的，就是利用脫離底部型態起漲、剛剛由空頭轉多頭的「初升段」。

不過，這種方式只能賺到初升段的利潤，容易失去後面主升段到末升段的豐碩漲幅；若要彌補這一點，則需要搭配中繼圖形，以下介紹我認為最好用的 2 種中繼圖形：

1.水平旗形

股價上漲到一個波段高點，會進行水平盤整，從波段低點（起漲點）到波段高點之間的距離稱為「旗桿」；股票盤整這一段，則稱為「旗面」。

10

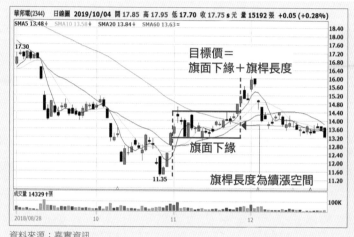

圖1　以水平旗形估華邦電目標價約16.05元

華邦電（2344）日線圖

資料來源：嘉實資訊

　　經過旗面的整理，接著會出現轉折向上的續漲現象；而先前算出的旗桿長度，就是續漲的空間。只要將旗面下緣的股價加上旗桿長度，即為目標價。

　　以華邦電（2344）為例，2018 年 11 月上漲一段後，進入水平旗型盤整，當 11 月下旬突破盤整後，可開始計算目標價（詳見圖1）：

①旗桿長度：波段低點 11.35 元到波段高點 14.2 元的價差為 2.85 元。

②目標價：旗面下緣約為 13.2 元，加上旗桿長度 2.85元，得到 16.05 元，即為此波上漲的目標價。

2.下降旗形（下飄旗）

與水平旗形有點類似，同樣利用旗桿、旗面，計算出續漲的目標價。

當股價起漲後，到一個波段高點，開始回檔整理；接著轉折向上，繼續上漲走勢。而從波段低點起漲到進入整理前的波段高點，這段距離為「旗桿」；回檔整理的這段則為「旗面」。將旗面下緣加上旗桿長度，就是目標價。

以乙盛-KY（5243）為例，2019 年 7 月初起漲，下旬時回檔整理，8 月上旬整理結束又轉折往上續漲，可開始計算目標價（詳見圖 2）：

①旗桿長度：波段低點約 35.7 元到波段高點 41 元的價

圖2 以下降旗形估乙盛-KY目標價約42.75元

乙盛-KY（5243）日線圖

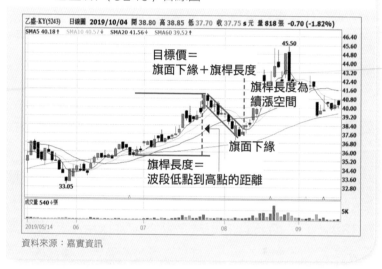

資料來源：嘉實資訊

差為 5.3 元。

②**目標價**：旗面下緣轉折點約 37.45 元，加上旗桿長度 5.3 元，得到 42.75 元，即為續漲後的目標價。

這 2 種旗形與底部型態最大的差異，在於底部型態追求 的目標區以長天期來看，只是追求空頭的反彈波，所以成

功機率大致有 85% 以上。但是旗形追求的是要創新高,我個人的觀察,成功率可能只有 75%;也正因為如此,當要運用旗形估算目標價與實際操作時,務必多搭配其他技術面、基本面、籌碼面,甚至消息面的工具,才可有效提高勝率。

輔助工具1》黃金分割率:適用於空頭反彈轉折

技術面估算法的另一個主流是指標學派,使用的工具是「黃金分割率」,應用起來也相當簡單。常用的有 3 個數字:0.382、0.5、0.618,以做多而言,可以用來計算股價經歷長天期的空頭下跌,從低點反彈後的有效反彈幅度。

這個方法與底型反轉概念相仿,是在追求長空頭之下的反彈波段,所以保守目標只設定在 0.382,樂觀目標則設定在 0.5 的位置,是比較容易成功達到的位置。

實務上,要到 0.618 的位置,基本上有可能變成回升格局;所以,如果只是基於反彈操作,不會把 0.618 作為目標價的估算。

以黃金分割率計算反彈目標價的步驟如下:

步驟 1》 股價經歷長天期空頭下跌,找出轉折向下的波段高點到下跌後的最低點,計算出高低兩點間的價差。

步驟 2》 將上述高低點的價差,分別乘以黃金分割率 0.382、0.5,算出來的數字,可視為反彈後的 2 段目標價差。

例如,某檔股票轉折向下的波段高點為 22.28 元,下跌後的最低點為 12.75 元,價差為 9.53 元;股價反彈向上後,即可使用黃金分割率分別計算目標價:

第 1 階段目標價
①價差:9.53 元 ×0.382 = 3.64 元。
②最低點:12.75 元+ 3.64 元= 16.39 元(此為最保守的目標價)。

第 2 階段目標價
①價差:9.53 元 ×0.5 = 4.765 元。

②最低點：12.75元＋4.765元＝17.52元（此為第2目標價）。

如果懶得自己計算，也可以直接使用看盤軟體的黃金分割率工具，快速計算出反彈目標價（詳見圖解教學❶）。

輔助工具2》機構評等估價法：參考券商評價

我們經常會看到新聞報導，指出某某外資券商、國內券商對於個股所做的研究報告，報告當中會提出個股的「目標價」。券商有其研究團隊，透過產業研究、拜訪公司，蒐集個股基本面資訊，分析未來大約6個月～1年的展望，並且透過幾項財務指標，估算出目標價，提供給法人客戶做買賣參考。常用的的估價方式主要有3種：

1.**本益比**（Price-to-Earning Ratio，簡寫為P/E或PER）
 公式：本益比＝股價÷EPS
 本益比是股價相對於EPS（每股盈餘）的倍數，是最常用來評估股票便宜或昂貴的基本面估價指標。本益比愈高，代表股價相對高，潛在報酬率愈低；本益比愈低，則代表

股價相對便宜，潛在報酬率愈高。而獲利能力和成長性愈高，市場願意給予的本益比也愈高，因此本益比要結合產業、獲利成長性做觀察。也可注意到，券商會利用「未來4 季預估 EPS」乘上合理本益比，進而去計算他們認為的合理目標價。

2.股價淨值比（Price-Book Ratio，PBR）

公式：股價淨值比＝股價 ÷ 每股淨值

股價淨值比是股價相對於每股淨值的倍數，當產業或個股獲利處於成長期，市場願意給的股價較高，因此股價淨值比會偏高；反過來，當產業或個股獲利處於成熟期，市場願意給的股價較低，因此股價淨值比會偏低。也因此常可看到券商對於高股價淨值比的個股展望偏向樂觀。

3.現金殖利率（Dividend yield）

公式：現金殖利率＝現金股利 ÷ 股價 ×100%

現金股利除以股價即為現金殖利率。若是一家配息穩定的公司，股價若下跌，會使得現金殖利率提高；股價上漲則使現金殖利率降低。券商在評估個股的買進價值時，也會將現金殖利率作為是否建議持有的考量之一。不過，若

是處在成長期的公司，則會出現現金殖利率偏低的狀況，因為公司會把多數盈餘拿回去投資公司，反而不會配很多現金給投資人。

　　券商根據上述財務指標評估出個股目標價，同時也會以目前股價為準，做出「強力賣出」、「賣出」、「持有」、「買進」、「強力買進」等評等建議。除了給客戶和市場作為投資參考，也被認為會以此作為壓低吃貨，或是拉高出貨的工具。

　　曾經看過一篇論文〈台股外資分析師報告預測目標價之正確性與影響因素分析〉，論文中統計 5 年共 1 萬多份的外資分析師研究報告，發現目標價的平均達成率不到 5 成，且負向評等的達成率高於正向評等，而正向評等報告傾向過度樂觀，容易對高股價淨值比股票過度樂觀、對低股價淨值比股票過度悲觀等傾向。

　　以眾多股民熟悉的鴻海（2317）為例，2017 年初從 90 元左右起漲，6 月漲到 100 元之後，就有外資券商喊出鴻海目標價 200 元；沒多久股價漲到 122.5 元後就欲

振乏力，之後一路下跌，至今（截至 2020 年初）仍未看到 200 元的股價。

法人對股票的研究報告，經常影響投資人買賣的意願，而且使用者不易判別報告中的預測誤差。所以，我們常常會發現，衝著目標價去買進股票，股價卻常常無法達到目標價。

那麼，法人提出的目標價真的不能信嗎？也不完全如此。要切記「單一法人的觀點，姑妄聽之就好，不要盡信。」

此外，我自己倒是會搭配使用「機構評等估價法」，也就是找出不同法人對單一個股的目標價評等（詳見圖解教學❷），看看是否與我利用技術面算出的目標價相近？若答案是肯定的，就可以加深持有的信心。不過這方法不是所有個股都適用，且需要使用一些技巧：

1. **愈多法人提供目標價愈好**：一檔股票有愈多法人給予評等，表示市場關注度高、股票知名度足夠；當然，最重要的原因是，樣本數愈多，更能篩選出我們需要的訊息。

根據我的經驗，大約在 1 個月～ 2 個月間，至少有 15 份法人評等，會較有參考性，多多益善。

2. 時間愈接近愈好：法人提出目標價的時間，自然是距離現在愈接近愈好，代表法人是在近期進行評估，時效性比較高。

3. 剔除極端值：多家法人提出的目標價，多數很接近，少數會提出特別高或特別低的極端值。最好能剔除極端值，保留最多的中間值，這個數據就可以作為比較客觀跟有效的參考。

例如聯發科（2454）單單在 2019 年 8 月份，就有 18 份券商提出評等，有的券商會在 1 個月內更新評等，因此重複的券商，就挑選最新日期的納入觀察（詳見圖 3）。

將過度樂觀及過度悲觀的極端值剔除。可以得到券商目標價大多數以 365 元為中間值，正負 15 元。如此一來，就可以知道，券商當時認定聯發科的目標價區間約在 350元～ 380 元。

圖3 **2019年8月有13家券商評估聯發科目標價**

聯發科（2454）機構評等表

聯發科(2454)機構評等				
評等日期	評等機構	評等	目標價位	前一次評等
2019/09/11	花旗集團	買進	453.00買進	
2019/08/29	JP摩根	加碼	430.00加碼	
2019/08/22	台新投顧	買進	361.00買進	
2019/08/21	摩根史坦利	持平	345.00持平	
2019/08/05	摩根史坦利	持平	345.00持平	
2019/08/02	美銀(BOFA)	買進	420.00買進	
2019/08/02	日盛投顧	買進	380.00買進	
2019/08/02	花旗集團	買進	374.00買進	
2019/08/02	兆豐國際投顧	遠低買進	374.00區間操作	
2019/08/02	國泰期貨	買進	373.00買進	
2019/08/02	JP摩根	加碼	370.00加碼	
2019/08/02	統一投顧	買進	370.00買進	
2019/08/02	永豐投顧	買進	366.00買進	
2019/08/02	瑞士信貸	優於大盤	365.00優於大盤	
2019/08/02	麥格理	優於大盤	365.00優於大盤	
2019/08/02	台新投顧	買進	361.00中立	
2019/08/02	元富投顧	買進	350.00買進	
2019/08/02	摩根史坦利	持平	345.00持平	
2019/08/01	瑞士信貸	優於大盤	365.00優於大盤	
2019/07/31	摩根史坦利	持平	339.00加碼	
2019/07/22	摩根史坦利	加碼	349.00加碼	

資料來源：嘉實資訊

　　這方法不見得每檔股票都能用，有時樣本數不足，或是目前股價早已漲到目標價了，也就不適用這個方法。

　　然而，若股價尚未漲到法人認同的目標價，則可以回頭與技術面算出的目標價相互比對；若目標價區間出現重疊，有效性和成功機率會更高。

圖解教學❶　以黃金分割率估算目標價

STEP 1

以嘉實資訊看盤軟體說明，並以新潤（6186）為例，利用附加功能，可用黃金分割率算目標價。進入個股技術分析頁面，點選右下角❶「工具」圖示、❷「趨勢分析」、❸「黃金分割率（F）」。

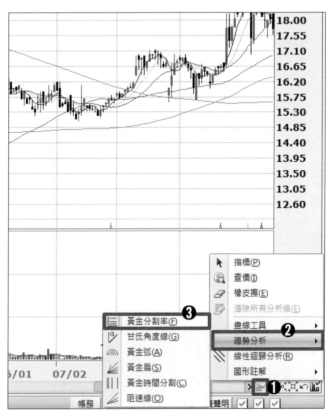

點選❶波段最低價的位置，按住滑鼠向上拖曳至❷波段最高價再放開，畫面上就會顯示❸各個黃金分割率的目標價位。

資料來源：嘉實資訊

圖解教學❷ **查詢個股各機構評等**

STEP 1

以嘉實資訊看盤軟體說明，點選❶「個股」（此處以聯發科（2454）為例）、 ❷「台股基本分析」、❸「基本資料」，再點選左方選單的❹「機構評等」。

即可看到❶近期各家券商是否有提出目標價及評等建議。

資料來源：嘉實資訊

關注盤中6大訊號
決定買進時機

3-5

選股和找到合理目標價固然重要，卻不是決勝關鍵，正確的交易流程和策略更為重要，包括尋找買賣點，以及調節持股等。接下來就要介紹盤中實戰的買賣點掌握。

將觀察股名單分成5類，留意是否有發動現象

我會把選股流程中選出的 8 檔～ 10 檔觀察股，再細分為 5 類：1. 多頭強勢、2. 穩健續漲、3. 剛剛突破、4. 健康回檔、5. 盤整觀察。

我習慣在每週五收盤後或週末時，進行這樣的選股和分類的工作。假定下週一立即有想買進的股票，會優先選擇剛剛突破、穩健續漲的股票，然後將這 8 檔～ 10 檔建立在看盤軟體的自選股中，週一早上盤前就是緊盯這幾檔股票是否有發動現象。

　　因為我們是要尋找買點，所以找的標的自然是以剛剛發動股或健康回檔股為優先；而如果手中持有多頭強勢股或穩健續漲股則是續抱。

類型1》多頭強勢

　　已經起漲一段時間，漲幅大、走勢強，雖然是多頭，但是已經接近有效目標價；甚至不知道目標價為何，所以只能續抱或保守追買。

　　由於處在強勢多頭架構，位於中高位階，已經漲多，通常無法從技術面估算有效目標價，交易策略必須使用支撐跌破法（詳見3-6），每天修正支撐點位及工具決定出場點，盤中必須機動性看盤。

　　以地心引力（3629）為例（詳見圖1），從這張K線圖看來，明顯已起漲一段時間，且連續多根漲停板，漲幅大、走勢強。不過雖然是多頭，但是已接近有效目標價，甚至不知道目標價為何，所以已有持股者只能續抱或保守追買。

類型2》穩健續漲

圖1　多頭強勢股地心引力已明顯起漲
地心引力（3629）日線圖

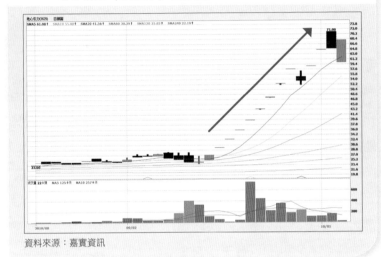

資料來源：嘉實資訊

　　多頭架構，但位於中低位階，尚有續漲空間，通常能透過技術面估算漲幅滿足點。雖然已經起漲，但是漲幅不大，或是距離有效的目標價還有一段時間，所以續抱或加碼都可以。

　　以日月光投控（3711）此張 K 線圖為例（詳見圖 2），可看到經過整理，於 2019 年 9 月開始呈現均線多頭排列；

圖2　日月光投控2019年9月呈均線多頭排列
日月光投控（3711）日線圖

資料來源：嘉實資訊

同年10月14日一根帶量中紅K線，再帶動短期均線上揚，多頭氣勢更強勁。觀察K線圖更長的區間（詳見圖3），可發現日月光的型態是突破一個大W底，當下股價位階仍不算高，即可利用底部反轉型態估算目標價。

類型3》剛剛突破

從K線圖的趨勢、位階、型態各面向分析，通常是處於

圖3 **查看更長區間，日月光投控突破底部型態**
日月光投控（3711）日線圖

資料來源：嘉實資訊

相對較低的基期，技術面剛剛突破整理區。這種明顯出現
起漲點的Ｋ線圖類型，是最適合買進的標的，因為已有明
確的買進訊號。

以皇翔（2545）為例（詳見圖4、圖5），經歷了
2019 年 8 月中旬到 10 月的整理，於 10 月 14 日一根帶
量長紅Ｋ線，宣示了股價突破整理區間。觀察更長區間的

圖4 皇翔以帶量長紅K棒突破整理區間

皇翔（2545）日線圖

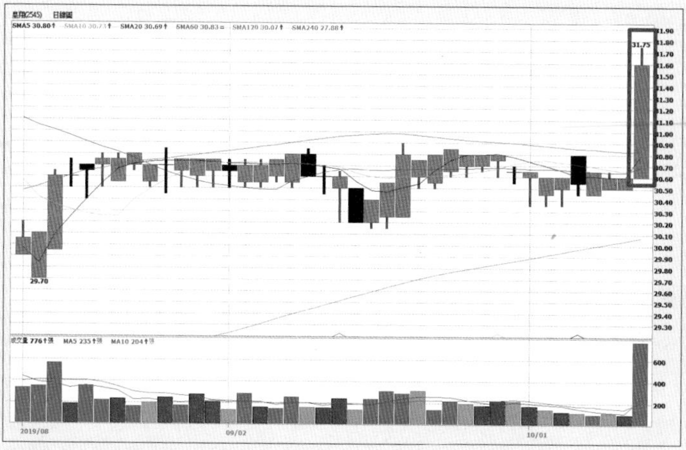

資料來源：嘉實資訊

K線圖，看到這段盤整為水平旗形，即可準備估算目標價。

類型4》健康回檔

剛起漲處在多頭架構，但是遇壓力區或漲多賣壓而進入了拉回整理，拉回幅度還在可以接受範圍（強勢支撐會守5日均線（以下簡稱5日線，其他週期亦同）與10日線、弱一點會守20日線或底型的頸線），因此多方格局仍在。

圖5 查看更長區間，皇翔突破水平旗形上漲
皇翔（2545）日線圖

資料來源：嘉實資訊

觀察籌碼仍然健康，可等待下一次技術面多方轉折出現。

　　以健和興（3003）為例（詳見圖6），2019年9月底突破底部區之後，開始沿著5日線向上漲，短期及中期均線呈現多頭排列，而後漲到底部反彈目標區之後，進入回檔整理。接下來，只要維持在支撐線上，或是沒有跌破10日線，短線操作者都可以站在多方。

圖6　健和興漲到底部反彈目標區後，回檔整理

健和興（3003）日線圖

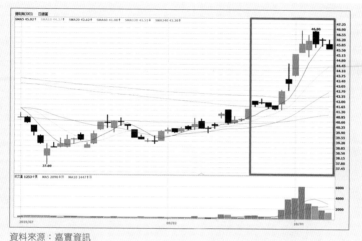

資料來源：嘉實資訊

類型5》盤整觀察

　　持續維持打底的情況，尚未出現明顯發動訊號，只要突破盤整區，都可能完成底型。因此看到這類股票時，可持續觀察籌碼狀況是否理想，密切注意未來是否有技術面的買進訊號。以遠東新（1402）為例（詳見圖7），自2019年7月下旬到10月中旬，股價都持續處在盤整的狀態。長期均線在股價上方形成壓力，但股價已經站上短

線及中期均線。日後可注意股價是否帶量突破盤整區、完成底型，並且選在 20 日線上彎之後再做多，是較為安全的方式。

盤中交易時，盯緊6大買進訊號

因為列入觀察的 8 檔～ 10 檔個股，已經是經過先前層層的篩選和分類，是相對安全的標的，盤中只要專心盯好買進訊號（以下簡稱買訊）即可。主要的買進訊號共有以下 6 種：

訊號1》盤中漲幅：達2%以上為明顯表態現象

在觀察股當中，留意盤中漲幅較大的股票。我的習慣是觀察開盤後「漲幅達 2% 以上」的股票（可在看盤軟體自選股清單當中，點選「漲幅」標題欄位進行排序，詳見圖 8），若是發現這樣的訊號，是明顯的表態現象，可以執行買進。

每個交易日在開盤前 5 分鐘，系統雖然會先行「試撮」，不過，建議正式開盤後，確認交易價格與漲幅，再決定交

圖7 遠東新持續盤整且無明顯轉強訊號

遠東新（1402）日線圖

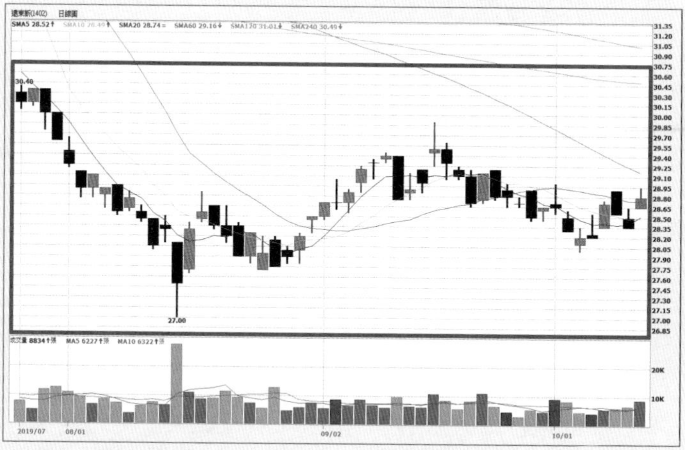

資料來源：嘉實資訊

易標的。千萬不要盤前掛單，因為試撮價格與開盤後的變化可能很大，稍有不慎就會造成失誤。

訊號2》K線：突破重要壓力區為重要買訊

　　盤中觀察股票時，除了盯著股價，也要切換到日線圖查看K線變化，觀察是否出現買訊。在日線圖當中，關鍵盤整區或壓力區，若出現帶量的跳空缺口，或是中長紅K線，

圖8 開盤後用漲幅排序，先挑漲幅2%以上標的

自選股名單排序範例

代碼	商品	買進	賣出	成交	漲跌	漲幅%▽
6182	合晶	34.75	34.80	34.80s	▲1.35	+4.04
2448	晶電	25.10	25.15	25.10s	▲0.55	+2.24
1101	台泥	40.95	41.00	40.95s	▲0.85	+2.12
6488	環球晶	367.0	368.0	367.0s	▲5.00	+1.38
6153	嘉聯益	37.90	37.95	37.95s	▲0.50	+1.34
4938	和碩	58.0	58.1	58.0s	▲0.70	+1.22
2303	聯電	13.90	13.95	13.95s	▲0.15	+1.09
2049	上銀	264.5	265.0	265.0s	▲2.50	+0.95
3711	日月光投...	77.9	78.0	78.0s	▲0.60	+0.78
>>2545	皇翔	33.70	33.95	33.70s	▲0.25	+0.75
2409	友達	8.34	8.36	8.36s	▲0.06	+0.72
2327	國巨	312.0	312.5	312.5s	▲2.00	+0.64
9945	潤泰新	45.45	45.50	45.50s	▲0.20	+0.44
5483	中美晶	91.2	91.3	91.2s	▲0.10	+0.11

資料來源：嘉實資訊

這就是重要的買訊。

以可成（2474）為例（詳見圖9），於2019年7月到9月處於盤整狀態，236元為重要的壓力線。

到了10月1日，開盤即出現1根帶量跳空中紅K線，突破壓力線，漲幅有2%以上，即為重要的發動表態訊號。

圖9 可成2019年10月1日突破壓力線
可成（2474）日線圖

壓力線

資料來源：嘉實資訊

訊號3》最佳5檔：買量大於賣量代表買盤積極

看盤軟體上顯示的「最佳 5 檔」，代表盤中最接近成交價的各 5 檔買賣委託價，可以分析買賣力道，並協助你買在更好的價位。

在最佳 5 檔的買進、賣出，除了顯示即時的委託張數，也會以橫條圖呈現。假如你決定買進的當下，發現買進張

圖10 買進張數大於賣出張數，可勇敢追價

委買賣最佳5檔範例

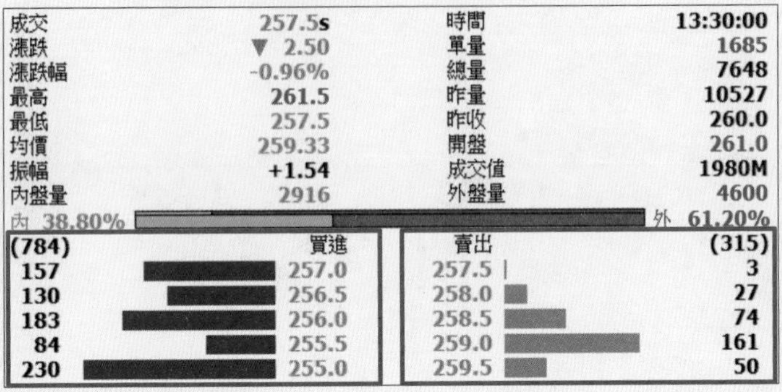

成交	257.5s	時間	13:30:00
漲跌	▼ 2.50	單量	1685
漲跌幅	-0.96%	總量	7648
最高	261.5	昨量	10527
最低	257.5	昨收	260.0
均價	259.33	開盤	261.0
振幅	+1.54	成交值	1980M
內盤量	2916	外盤量	4600
內 38.80%		外 61.20%	

(784)	買進	賣出	(315)
157	257.0	257.5	3
130	256.5	258.0	27
183	256.0	258.5	74
84	255.5	259.0	161
230	255.0	259.5	50

資料來源：嘉實資訊

數的橫條圖面積，明顯大於賣出張數的橫條圖面積，表示買盤積極，價格可能立刻推升，可以勇於追價；反之則要保守一點（詳見圖10）。

　　由於個股出現發動訊號，我會以市價掛單買進，能以當下的價格買到最重要。不過，若是成交量較小的股票，而我又想買進較多張數，還是會留意賣方近5檔價格，是否有足夠的量，否則很容易快速推升成交價，導致提高成本，反而划不來。此時我會改以分批買進，盡量成交在我希望

圖11 **出現連續大筆外盤成交量，代表買盤積極**
盤中單筆成交明細示意圖

時間	買進	賣出	成交	單量	總量
13:17:26	37.70	37.75	37.75	12	10901
13:17:21	37.70	37.75	37.75	26	10889
13:17:16	37.70	37.75	37.75	12	10863
13:17:11	37.65	37.70	37.70	117	10851
13:17:06	37.65	37.70	37.70	165	10734
13:17:01	37.65	37.70	37.70	4	10569
13:16:56	37.65	37.70	37.70	16	10565
13:16:51	37.65	37.70	37.65	13	10549
13:16:46	37.65	37.70	37.70	4	10536
13:16:41	37.65	37.70	37.70	5	10532
13:16:36	37.65	37.70	37.70	5	10527
13:16:31	37.65	37.70	37.65	16	10522

資料來源：嘉實資訊

的價位附近。

訊號4》單筆成交明細：大量賣出價成交即買盤積極

　　盤中也可以留意成交的「單筆交易明細」，也就是單筆成交數量。在看盤軟體當中，「單量」數字若顯示紅色（詳見圖 11），代表該筆成交價是以賣出價（外盤價）成交；若出現「連續大筆賣出價成交」的外盤成交量，顯示買盤積極；如果又搭配股價續漲，是強勢發動訊號，價格可能快速推升。若要買股票，當下可勇於追價。

相反的，出現「連續大筆買進價成交」的內盤成交量，「單量」數字顯示為綠色（詳見圖 12），代表賣盤積極；如果又搭配股價續跌，是弱勢訊號，價格可能立刻拉回整理。若要買股票，當下要稍微停看聽，避免短線追高。

訊號5》成交量：爆大量有助於有效突破

盤中也要觀察當天成交量是否正常，再複習一次，一般大型股突破的成交量為 10 日均量 1.3 倍以上，而中小型股突破的成交量則為 10 日均量 3 倍以上，否則會容易出現假突破。部分券商提供的嘉實資訊看盤軟體，會在個股走勢頁面，於盤中顯示當日個股的「估計量」。這是非常好的工具，可以輔助判斷在關鍵價格突破時，當日的量是否足夠。

訊號6》內外盤比：外盤比例較高時氣氛偏多

看盤軟體也會列出內外盤的即時成交比例，並且以一根橫條圖呈現兩者之間的角力。

所謂的「內盤」（橫條的綠色部分）代表當日成交量當中，以買方委託價成交的比例，當內盤比例較高，代表這天賣

圖12 出現連續大筆內盤成交量，代表賣盤積極

盤中單筆成交明細示意圖

時間	買進	賣出	成交	單量	總量
09:07:29	13.70	13.75	13.75	10	1029
09:07:24	13.70	13.75	13.70	4	1019
09:07:19	13.70	13.75	13.75	23	1015
09:07:14	13.75	13.80	13.75	70	992
09:07:09	13.75	13.80	13.75	223	922
09:07:04	13.75	13.80	13.75	10	699
09:06:59	13.75	13.80	13.75	20	689
09:06:54	13.75	13.80	13.75	101	669
09:06:49	13.75	13.80	13.75	5	568
09:06:23	13.75	13.80	13.75	4	563
09:06:18	13.75	13.80	13.80	20	559
09:05:53	13.75	13.80	13.80	1	539

資料來源：嘉實資訊

方急著用較低的價格出脫手上的股票，整體氣氛偏向空方；
「外盤」（橫條的紅色部分）則代表當日成交量以賣方委
託價成交的數量，當外盤比例較高，則可解讀為買家急著
用較高的價格買進股票，整體氣氛偏向多方（詳見圖13、
圖14）。

　　從內外盤成交比例，即可觀察到今天盤面的氣氛，整體
是偏多還是偏空；偏多的話操作可以積極一點，偏空當日
應該偏保守觀望。

圖13 外盤成交比高於內盤，氣氛偏向多方
內外盤比例示意圖

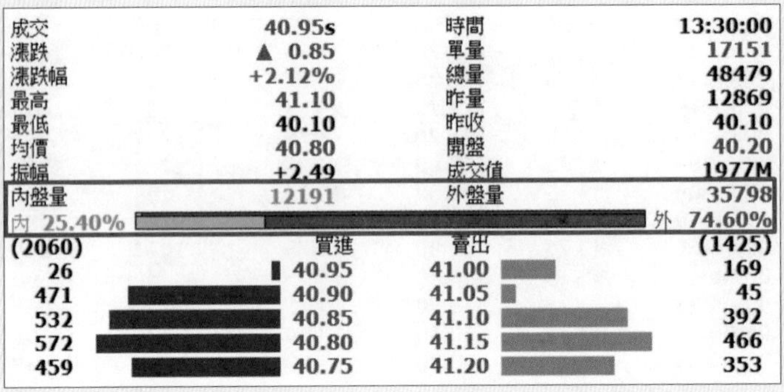

成交	40.95s	時間	13:30:00
漲跌	▲ 0.85	單量	17151
漲跌幅	+2.12%	總量	48479
最高	41.10	昨量	12869
最低	40.10	昨收	40.10
均價	40.80	開盤	40.20
振幅	+2.49	成交值	1977M
內盤量	12191	外盤量	35798
內 25.40%			外 74.60%

(2060)	買進	賣出	(1425)
26	40.95	41.00	169
471	40.90	41.05	45
532	40.85	41.10	392
572	40.80	41.15	466
459	40.75	41.20	353

資料來源：嘉實資訊

　　不過，我建議 9 點 30 分之後再使用此工具會比較適合，累計的交易量比較足夠，若是剛剛開盤，內外盤比例變動過快，參考意義不大。另外，在盤中交易，內外盤成交比例屬於相對落後指標，較適合用來作為確認工具，而非即時的交易工具。

交易時注意5事項，靈活調整策略

　　在盤中交易時，還有 5 項需要特別留意的事項：

圖14　內盤成交比高於外盤，氣氛偏向空方
內外盤比例示意圖

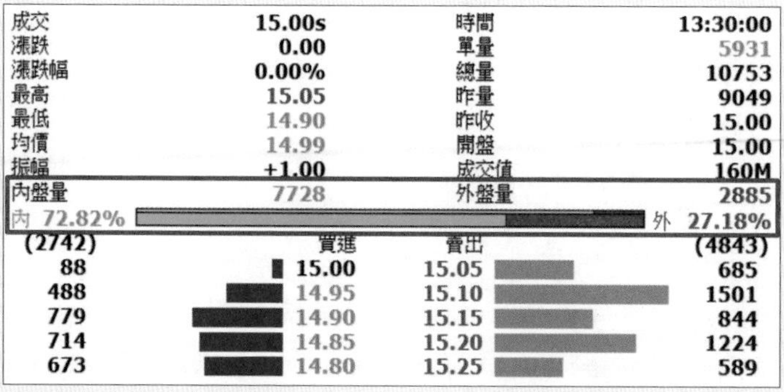

成交	15.00s	時間	13:30:00
漲跌	0.00	單量	5931
漲跌幅	0.00%	總量	10753
最高	15.05	昨量	9049
最低	14.90	昨收	15.00
均價	14.99	開盤	15.00
振幅	+1.00	成交值	160M
內盤量	7728	外盤量	2885
內 72.82%		外 27.18%	

(2742)	買進	賣出	(4843)
88	15.00	15.05	685
488	14.95	15.10	1501
779	14.90	15.15	844
714	14.85	15.20	1224
673	14.80	15.25	589

資料來源：嘉實資訊

1.黃金交易時間

　開盤前 10 分鐘（8 點 50 分～9 點）是盤前觀察的重要時間，而開盤後半小時（9 點～9 點 30 分）是盤中交易的黃金時間，可好好把握。

2.注意重大利多與利空消息

　盤中也可以視情況留意消息面，先前提到要幫股票寫「劇本」，就可以規畫出 3 種方向：①當想要買進的個股，股價位階相對低的時候，注意是否有重大利空，以研判是否

有利空測底部的可能性。若真的出現利空、壓低股價，必須等到守住支撐，且短線有轉強訊號，才能買進；②低基期起漲，出現技術面發動訊號時，如果能搭配利多助攻，後續走勢會更穩健；③股價位階高的時候，或是接近目標價，倘若又搭配有利多，反而要提防利多出貨，空手者不宜買進，持股者可考慮賣出。

這些所謂盤中的利多利空，仍是建議以技術面為交易基礎。所以，出現交易訊號，並執行完畢之後，才去注意新聞和消息做後續確認。

3.市價掛單與限價掛單的選擇

我個人都是市價掛單為主，因為買就是一定要買到，賣就是一定要賣出，關鍵是你很明確知道，確實要買進跟賣出。不過，若是成交量小的股票，且希望買進張數較多，我還是會留意最近 5 檔的賣量是否足夠，適度調整掛單的節奏。

4.操作檔數的控制

建議一般投資人的股票檔數，最好控制在 5 檔以內。若

資金部位較大，上限也不宜超過 8 檔；當有持股漲到目標價停利出場，或是停損賣出之後，才可以換下一檔。所以上述的選股與交易，都必須建立在持股檔數未足 5 檔的前提下，可以進行交易。

5.股價出現發動訊號就要出手

學生在盤中交易常遇到一個問題——當股價出現發動訊號，一定要當天追嗎？能不能明天拉回再追？

要強調的是，我們能看到的只有當下的股價，沒辦法準確預測買進之後，甚至是明天的走勢，會不會出現盤整、回測、續強？

當我們進行交易時，不能有這些假設，只要一開盤出現買進訊號就要出手，而不是等股價已經上漲一段才買。

如果留意到股價發動時，已經上漲了一段，就會變成追買，而追買需要有很明確的策略：①開高 5%，不買；②K線小紅小黑（收盤價高於開盤價未達 3%），保守買；③K線下跌（跌幅不一定），但不破重要支撐（重要支撐條件

包括帶量中長紅 K 線 1／2 價位、5 日線、10 日線等），有止跌或轉強訊號積極買。

　　萬一買進後股價拉回怎麼辦？若是符合條件的標的，且股價正常的突破，即使拉回也應該守穩支撐至少 3 天；若回檔 10 次，大概只能有 3 次有較大幅度的拉回。假如你常常買進後就拉回跌破支撐，那麼選股以及找發動點的技巧還需要再精進。

　　若擔心遇到較大幅度的拉回而影響報酬率，其實可以使用分批買進策略來解決。

　　例如這檔股票預計能買 10 張，當股價剛剛突破時，可以先買 3 張～ 5 張；之後萬一拉回，還有籌碼可以加碼，降低持股成本。如果續漲，則可以再擇機追買。

　　要知道，布局 1 檔股票，可能有試單、加碼、減碼、回補、停利／停損等多種策略組合；所以布局 1 檔股票的資金，建議至少要能夠買 3 張，甚至更多，這樣才能有靈活的策略運用；而不會永遠只是 1 張買進，1 張賣出，這樣就沒

有策略可言，也缺乏調整持股的空間。

　　例如你配置在 1 檔股票的資金上限是 10 萬元，那你就不該買股價 40 元以上的標的；因為超過 40 元，等同 1 張就超過 4 萬元，1 次最多只能買到 2 張。但假如你挑選的是 10 元左右的股票，就有買 10 張的額度；如此一來，也才會有多種策略組合可以運用。

3-6 目標價停利法＋跌破支撐法 評估出場時間

買進股票後，要等到什麼時候再賣出？基本上有 2 種判斷方法，可根據不同狀況使用。

一種是依據目標價停利的「目標價停利法」，前文介紹過，在股價突破底部型態（詳見 2-5），或是完成水平旗形與下降旗形（詳見 3-4），都能算出目標價，到達目標價時即可出場。

另一種是「跌破支撐法」，是在無法算出目標價時使用，可用在主升段或末升段，須搭配觀察股價與均線的變化。分別說明如下：

目標價停利法》價格接近也算達到目標價

採取目標價停利法有一個重要觀念──「目標價」並非

是一個硬生生的數字，我們可以將目標價視為「目標參考價」或「目標區間」。

　　股票不是數學，假定某次交易，鴻海（2317）股價為85元，我們估算它能夠漲到目標價100元，那麼當它只漲到99元時，也算到達目標價嗎？

　　當然算。目標價只是一個概算數值，當時整體市場多空氛圍、盤中買賣的力道、投資人心態等，都會使股價有所變化，因此千萬不要受限於目標價框架，價格差不多就可以了。當我們估算目標價是100元，在漲到99元時，就發現它的漲勢似乎不能延續，盤中已有轉弱現象時，此時獲利了結也是一個很好的選擇。

跌破支撐法》跌破均線再出場

　　跌破支撐法主要是看股價與均線之間的關係。當股價已上漲一大段，難以估算目標價時，就可用這套方法來觀察賣出訊號，一看到就可以考慮賣出；若擔心賣錯，也可以採取分批賣出，減輕心理壓力。我最常用的賣出訊號如下：

1.短線賣出訊號

①股價跌破 5 日均線（以下簡稱 5 日線，其他週期亦同），同時 5 日線下彎。

②向下跳空缺口，出現中長黑 K 線。

如果是在股價已經漲了一段才進場，持股成本較高，當短線賣出訊號出現時就可以出場。

2.短中線賣出訊號

①股價跌破 10 日線，同時 10 日線下彎。

②短期均線（5 日線和 10 日線）呈現死亡交叉。

如果持股成本不算太高，又擔心看短期賣出訊號會賣得太早，可等到短中線賣出訊號出現時再出場。

3.中線賣出訊號

①跌破前一波突破盤整區後第 1 根中長紅 K 線的股價中間值。

②下跌後出現反彈，但反彈無法突破 10 日線，甚至續跌；若再跌破 20 日線，且 20 日線下彎。

如果在此波股價起漲前就買進，持股成本較低者，可等到此項賣出訊號再出場。這個訊號對波段操作者而言也是明確的賣出訊號，因為一旦跌破 20 日線支撐，短期內恐怕較難回到上漲走勢。為了避免吐回前面賺到的漲幅，可選在此時出場保留戰果。

達到目標價後，有3種停利策略

綜合來看，一旦看到股價到達目標價，可參考 3 種停利策略：

1.保守型：全部賣出

假如持有 10 張鴻海，當股價漲到 100 元時，把 10 張全部賣出，這是最保守的做法。優點是可以確保獲利，但缺點是可能還會有續漲的可能性，而少賺一段。

2.積極型：續抱至短線轉空賣出

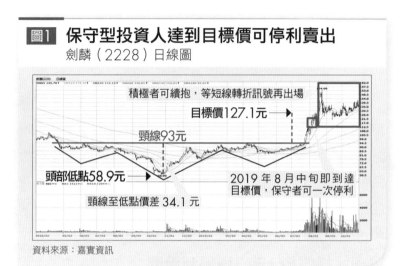

圖1　保守型投資人達到目標價可停利賣出
劍麟（2228）日線圖

資料來源：嘉實資訊

　　假如持有 10 張鴻海，當股價漲到 100 元時，持續持有，等到短線轉折訊號出現，例如爆量長黑長上影線、KD 死亡交叉、跌破 5 日線且 5 日線下彎再賣出。

　　優點是有機會把股票賣在更高的位置，缺點則是倘若目標價真的是最高價，等短線轉折出現，可能已經壓回到 98 元甚至更低。

3.綜合型：先賣一半，另一半等短線轉空賣出

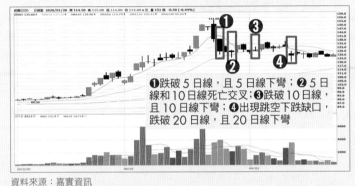

圖2　2019年8月～9月劍麟出現短線轉折訊號

劍麟（2228）日線圖

❶跌破 5 日線，且 5 日線下彎；❷ 5 日線和 10 日線死亡交叉；❸跌破 10 日線，且 10 日線下彎；❹出現跳空下跌缺口，跌破 20 日線，且 20 日線下彎

資料來源：嘉實資訊

　　假如持有 10 張鴻海，到達目標價或接近目標價時，一次性賣出 5 張，另外 5 張等短線轉折訊號出現，再進行賣出。這樣的折衷方法，可以避免賣太早，也可以確保短線回檔時折損的獲利。

　　以 2019 年 8 月大幅上漲的劍麟（2228）為例，當時突破頭肩底底型後，可算出目標價約為 127.1 元（詳見圖 1、圖 2），採取保守型操作策略可在 8 月中旬到達目標價後一次性賣出持股。

3-7 以4工具擬定停損策略 投資才能持盈保泰

「停損」指的是投資到達一定虧損程度後,選擇將投資標的賣出、實現虧損。多數散戶不容易克服停損的心魔,需要多次反覆練習,才有可能養成面對虧損的勇氣和智慧。

完整的停損需要有一連串完整的過程,首先是停損的心理素質建立,接著要能善用停損工具,判斷多空趨勢和轉折訊號,找出有效的停損點。有了完整的出場策略後,才能紀律執行,並且進行事後檢討及修正。

培養勇於停損的心理素質

面對虧損時,一定會感到不愉悅,進而想逃避,這是本能的自我保護機制,也是人性的弱點。可能源於成長過程的經驗,發現有時候逃避能夠解決事情,因而養成這種行為模式;又或是很幸運的沒有遇過太多需要逃避的事情,

而導致欠缺面對問題的人生劇本。

　　然而，在股市當中，逃避不能解決虧損的發生，多數時候，逃避會讓虧損愈來愈嚴重，因為資產會泡沫化，但債務和虧損不會。

　　當買進股票套牢後，總會告訴自己：「沒有賣就不算虧」、「改放長線好了」、「有配股配息沒關係」、「多擺一陣子股價就會漲回來」、「現在賣可能賣在最低點」等，你會想出幾千幾百個理由，來支持自己的行為。這些都是因為在進場前，沒有做好虧損的心理準備。

　　為什麼不做好虧損的心理準備？恐怕欠缺在股市賺錢的渴求，認為賠錢也沒關係、反正還有工作，反正還有家人可以依靠等心態，因此認為靠股票賺錢是可有可無。

　　然而，真正的股市贏家，對於賺錢的渴求非常強烈，會陷入一種沒有退路、非贏不可的情境，用極為嚴謹的心態看待投資。交易之前，就會充分理解風險的可能性；一旦發生虧損、沒有繼續持有的理由時，絕不會放任虧損擴大，

而是果斷出場止血。

因此，總是套牢、賠錢出場的散戶，正確的停損心態是不可或缺的。看錯股價方向，出現帳面虧損，不要隨便找理由安慰自己；你應該要做的是紀律執行停損，認真地面對它、接受它、處理它、放下它。

也有很多投資人常說自己的毛病是沒有紀律，但是當我深入了解之後，我發現這些投資人不存在紀不紀律的問題。因為，紀律是要遵守擬定的策略，而很多人根本沒擬定策略，又何來紀律？

擬定了策略，才有法有循。例如停損條件設定為「虧損10% 要停損」、「跌破支撐線停損一半」，只要發生停損條件，就要確實執行，不能因為當下覺得消息面好、或看到籌碼沒有異狀，就決定不遵守策略，這就是不紀律。要記得，紀律的最高指導原則是「寧願停損錯誤，也不能放任虧損；寧可殺錯，不可放過。」

接下來說明 4 項常用停損工具，以及如何擬定停損策略：

工具1》技術面停損法：短中線最有效工具

　　短線技術分析工具，可以說是股價的同步指標，因此作為停損工具是最安全且客觀明確的工具。當然，極短線的賣出訊號，有時可能因為騙線、假跌破，或者是工具的誤用，導致過早賣出股票；中長線的技術分析工具，失誤率較低，但也可能賣得太晚。建議在實際交易之前，多用技術面工具觀察或模擬，將有助於做出更有效的判斷。

　　技術面賣出訊號不一定會單獨出現，經常會與其他技術指標一併出現；若同時或連續出現多個賣出訊號，將會是更明確的賣出時機。常用的賣出訊號如下：

1.爆量長黑K棒跌破支撐線

　　股價漲到高檔，若出現爆量長黑K線（或爆量長上影線K線），且收盤價有效跌破支撐線（詳見2-4第93頁表1），視為賣出訊號。

2.股價跌破均線且均線下彎

　　與停利的「跌破支撐法」相同（詳見3-6），當股價跌破

均線，且均線下彎，即為賣出訊號。

　可視持股成本或交易週期，自行決定要採用 5 日均線（以下簡稱 5 日線，其他週期亦同）、10 日線或 20 日線。

3.均線死亡交叉

　5 日線、10 日線死亡交叉（5 日線向下跌破 10 日線），為短線賣出訊號。

4.KD指標死亡交叉

　日 KD 指標是短線技術指標，短線操作者若看到 KD 指標死亡交叉（K 值向下跌破 D 值），亦可作為短線賣出訊號的確認。

5.K線圖頭部型態出現，股價跌破頸線

　「頭部型態」是「底部型態」的相反型態，當股價不再上漲，會在高檔整理後下跌，形成頭部，常見的頭部型態為：①雙重頂，又稱 M 頭（W 底／雙重底的相反型態）；②頭肩頂（頭肩底的相反型態）；③多重頂（多重底的相反型態）；④弧形頂（弧形底的相反型態）。

將頭部的低點相連,同樣也能畫出「頸線」,當股價跌破頸線,也是明確的賣出訊號。

6.出現20日乖離率過大

看盤軟體當中還有一個很有效的指標「乖離率」(以嘉實資訊為例,於技術分析頁面增加「乖離率」副圖即可看到),以大盤或大型股而言,當 20 日乖離率上升到數值 4 以上,稱為正乖離過大,代表短線過熱,也是可以參考的賣出訊號。中小型股則可以觀察過去 5 年的歷史區間,若 20 日乖離率出現極高的異常值,可視為正乖離過大。

其他技術面現象如股價 3 日不續創新高、價量背離、股價與技術指標背離、MACD 指標小於零等,在判斷是否賣出時,都可以搭配參考。

7.跌破關鍵支撐價位

根據技術指標或是圖形,找出關鍵支撐價位。這個價位過去都是有效支撐,當股價跌破此支撐價位時,容易出現一波跌勢,此時可以停損賣出。以鴻海(2317)2014 年 6 月到 8 月上旬的 K 線圖為例,可以看到連續出現了多個

賣出訊號，從短線到長線的賣出訊號如圖 1。

工具2》時間波停損法：股價未如期上漲時停損

　　預期事件在特定時間應該會實現利多，但是到了該時間點之後，並沒有實現利多，或是利多真的發生了，股價卻沒有因此上漲，就要適時離場停損。

　　以中國股市為例，2017 年 6 月時，MSCI（摩根士丹利資本國際公司）宣布將於 2018 年 6 月開始，將中國 A 股納入 MSCI 中國指數和新興市場指數，吸引不少投資人搶進中國股市。

　　但是真的到了 2018 年 6 月時，利多事件也實現，股市卻沒有如規畫的反映利多而上漲，這時就應該果斷停損（詳見圖 2）。

工具3》絕對值停損法：按預設虧損比率出場

　　不管外在環境如何，只要碰觸到一定的幅度，例如損失

圖1 # 鴻海2014年7月出現多個賣出訊號
鴻海（2317）日線圖

❶股價連續上漲到高檔，出現爆量長上影線，❷且20日正乖離過大；❸盤中股價跌破上升支撐線（圖中黑色斜線）；❹KD指標死亡交叉；❺跌破5日線且5日線下彎；❻跌破10日線、20日線，且10日線下彎；❼出現M頭型態，頭部低點相連畫出頸線，股價跌破頸線；❽MACD指標出現綠色柱狀體，跌落零軸

資料來源：嘉實資訊

超過 7%、10% 時就要紀律停損出場,不能放任虧損擴大。由於每個人的忍受程度不同,這個方法不見得是最好,但卻是所有停損法中,最後的保護機制。即使其他方法都沒碰觸到停損點,只要一出現設定的停損比率,仍然要立即做停損。

工具4》生活面停損法:不便交易時強迫停損

以技術分析操作者而言,需要時常關注盤中的變化,才能即時反應。不過,若因為工作或生活節奏的關係,明確預期某段時間不方便操盤或交易,例如出國或公司有重大客戶,所以只好先停損出場或減碼。

這樣的停損方式不夠客觀,也容易停損錯誤,但基於配合生活節奏,有時候仍有實施的必要。因此,在決定重要計畫時,就要提前減少交易的頻率,以免發生被迫停損的狀況。

另外,有的人會採取「心理停損法」,也就是根據內心可承受的虧損,進行停損,例如虧損達 5 萬元、10 萬元、

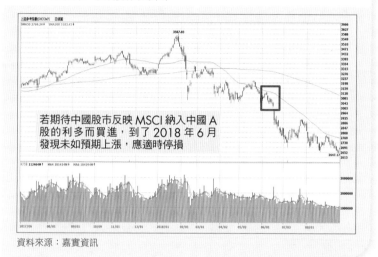

圖2 2018年6月中國股市未反映利多上漲

上證參考指數日線圖

若期待中國股市反映 MSCI 納入中國 A
股的利多而買進，到了 2018 年 6 月
發現未如預期上漲，應適時停損

資料來源：嘉實資訊

15 萬元……，則立刻出場，避免損失擴大。不過因為每個
人的忍受程度不同，所以非常不客觀，也很容易停損錯誤，
跌幅過深停損後，就遇到反彈，甚至停損在最低點，並不
太建議使用。

還有一種是「籌碼面停損法」，會選在籌碼面轉弱時（例
如法人連續性賣出、融資增加、買賣家數分散）進行停損。

要注意的是，籌碼面是高風險停損工具，因為很有可能籌碼面仍佳，股價卻持續下跌。如果投資人過度關注和信任籌碼，恐易錯失停損的精華時間。因此不要把籌碼面單獨用為停損工具，建議可和技術面賣出訊號一同配合觀察。

最後要特別提到「基本面停損法」，利用財務數據或指標作為停損的機制。例如一檔股票的營收、獲利、毛利率等財務數據原本都是成長，但後來開始連續下滑，於是進行停損。

由於基本面是落後工具，一檔股票從高點下跌，若要等到月營收或財報公布才停損，股價恐怕已下跌 20% 以上了，所以這方法只適合中長線操作者於多頭趨勢時，搭配參考使用。

停損策略掌握3重點，避免少賺多賠

以下分享我個人的停損策略，可掌握 3 個重點：

1.分批停損

　　當你無法狠心一次停損所有持股部位，建議可以先從砍掉一半持股做起。

　　當出現停損訊號時，要毫不猶豫，出清持股對新手來說，真的是相當困難；但是先停損一半，會相對容易做得到。你可以先告訴自己，不是要停損，而只是減碼，未來股價如果下修，就有多餘的資金可以買進，這樣子心裡的感覺會相對輕鬆。

　　賣掉一半持股之後，會從情緒化和非理性的主觀狀態，恢復成較有理智的客觀狀態，能更冷靜地看待漲跌。

　　剩下的另一半持股，如果後來股價上漲，K 線圖與技術指標也翻多，就會覺得「真是幸運，這一半股票還有機會賺錢！」更積極者，還能找機會把另一半補回。

　　反過來，若股價續跌，那恭喜你，表示砍對了，勇敢地把剩下一半全部停損吧！倘若連 1/2 都減不下手，至少減 1/3 吧！如此一來，可攻可守，可以降低虧損，還有機會反敗為勝。

2.利用絕對值停損法，將虧損控制在10%內

身為技術分析操作者，我盡量不讓股票虧損超過 10%；虧損 10% 之後的股票將會很難處理；甚至虧損 20% 以上，因為可能再破底，也有可能跌深反彈，會變得進退兩難。因此，若要搭配使用絕對值停損法，虧損 10% 是基本條件，最多不宜超過 20%。

我早期就設定虧損 10% 一定要停損，但是當時還會遲疑，所以往往會遞延到虧損 12% ~ 15% 才出場。後來還練就「賠 7% 就要警戒，一旦碰觸到 10% 絕對停損」。

隨著操盤的經驗更豐富，停損次數減少，而且能夠在短線上就判斷轉弱的訊號，就不見得要等到 10% 才停損。

3.寧願砍錯，不要放過

當投資目的是做價差，務必要嚴格停損，寧願砍錯還是要砍，這是停損最終極心法。有時確實會停損錯誤，但這是必要之惡，因為有現金在手，才有機會東山再起。

萬一還是怕砍在低點怎麼辦？那就砍少一點，之後可攻

可守，但千萬不能任何作為都沒有、持續發呆，這是最危險的。否則，下次開始起跌，碰到停損點，你還是砍不下去，這種行為模式會一直重複，最後就容易擴大虧損。最忌諱沒有在第一停損點就執行，最後忍無可忍才殺出。

其實停損與停利，本質上是相同的，都是尋找賣股票的時機；只是停利是賺錢賣，停損是虧錢賣。

請務必記得買賣股票的核心精神：**「賣股票不是因為賺錢還是賠錢，是因為它會繼續跌；買股票不是因為昂貴還是便宜，是因為它會繼續漲。」**

不管如何操作，買賣過程中一定有賺有賠，但是只要嚴格執行停利和停損，就能大幅降低「賠錢賠太多、該賺又沒賺到」的可能性。

時刻保持健康的投資心態

最後分享一個小故事。2019 年 5 月，台灣高鐵（2633）急漲，當時利多齊發。我一直提醒投資人，不要過度追高，

尤其如果不會技術分析，真的不要亂追。

5 月底，台灣高鐵大股東殷琪公開發表出脫高鐵持股。6 月初股價最高漲到 47 元開始下跌；8 月時證實殷琪真的已經賣出，一路跌到 10 月初約 33.8 元才止跌（詳見圖 3）。散戶開始罵聲連連，說商人為富不仁、坑殺散戶……。

所有人投資都是希望賺錢，殷琪投資高鐵 10 多年，出脫持股獲利了結，合情合理。大股東出脫大量持股需要申報，她也早在 5 月底就表明要賣出，散戶仍然前仆後繼，一路追高，最後套牢。

更有甚者，不設停損，盲目攤平，然後就陷入輸錢四大怪的思維：怪政府、怪外資、怪主力、怪黑手；就是不會怪自己學藝不精、沒有學好功夫就要到江湖闖蕩，也不紀律停損，最後傷痕累累。怨天尤人對財富累積是不會有幫助的。

不管是賺錢或賠錢，都不能省略「檢討」這個環節。賺錢就要分析成功的原因，確認你的策略有效，未來就能用

圖3 大股東宣布出脫持股，散戶仍搶進

台灣高鐵（2633）日線圖

❶ 2019 年 5 月股琪公開發表出脫高鐵持股，股價仍續漲；❷融資也持續增多；❸ 7 月出現中期翻空訊號（10 日線與 20 日線死亡交叉，20 日線下彎）；❹ 8 月更出現長期翻空訊號（20 日線與 60 日線死亡交叉）

資料來源：嘉實資訊

相同模式去交易。不過若只是因為聽明牌僥倖賺到錢，下次很有可能是賠錢的，必須摒除。

　　賠錢也要檢討問題源頭，是因為買進訊號沒出現就進場？或是沒有掌握好賣出訊號？把錯誤記下來，才能回頭優化

屬於你的投資系統。

投資是扎實的硬功夫，要循序漸進，穩紮穩打的學習跟實戰練習，千萬不要想一夜致富，否則很可能會變成一夜致「負」。最大的戰場是在自己的內心，最後的敵人只有自己。

3-8 ▶ 若大盤出現風險 持股比重應降低至5成以下

　　我不斷強調選股也要選市、多頭做多，需要觀察國際股市及大盤決定做多時機，並決定投入資金上限。

　　但若大盤或國際股市出現修正風險，或是已經開始修正，但你手中還持有股票，未到停利點或停損點，該怎麼處理？

　　建議可以先釐清，你準備持有幾成的資金，來度過這一波修正？假定你操作的資金部位是 200 萬元，當外在環境出現風險，決定要減持股票，分為 2 種做法：1. 全數出清、2. 持股比重降低至 3 成～ 5 成。

狀況1》全數出清

　　要完全避開國際盤跟大盤的修正，你就要將所有持股都全部清空，這是最乾脆的做法，規避所有風險。

當然，缺點是預測錯誤，指數根本沒有修正，或是修正不多，又或是原有持股都很強，確實有可能會少賺很多。但這是規避風險的考量，「少賺」跟「多賠」，孰輕孰重就要看投資人的功力與智慧了。

狀況2》持股比重降低至3成～5成

從現有持股中去降低持股比重，但最低仍保留 3 成～ 5 成持股，常用策略有 4 種：

策略1》汰弱留強策略

砍掉弱勢股，留下強勢股，不過這方法有兩個缺點。首先，一般新手判斷強弱勢股的功力較弱，所以可能誤判。其次，原本強勢股可能漲多，隨時可能拉回整理，而弱勢股則因為跌深，可能在賣掉之後反彈。但是當你選擇這個策略，就得接受這個後果。

還有，使用這個策略必須有較成熟的心態，由於持有的強勢股常是獲利的，而弱勢股可能小虧，要一般人賣掉虧損的股票，留下賺錢的股票，需要克服心理上的障礙。

策略2》汰強留弱策略

將強勢股賣掉，將弱勢股留下，乍聽之下會覺得很奇怪，但是延續上一個理論。強勢股你可能是獲利的，而弱勢股可能小虧，因此處分獲利的股票，要比處分虧損股票來得容易。而且假如將獲利的股票處分掉，資金從 200 萬元降到 100 萬元，快速降低持股比重，讓手中有較充裕的資金。

策略3》平均減持策略

假設持有 5 檔股票市值共 200 萬元，每檔市值平均約40 萬元。為了怕搞錯強弱股，又須降低風險，因此每檔都減持一半，總持股市值同樣能從 200 萬元降到 100 萬元。

策略4》折衷策略

我自己的習慣是少數時候才會全部清空，較常使用的是折衷策略，也就是全部減持，但是強勢股減得比重少一些，弱勢股減得比重多一些；如此一來，既達到減持目的，也有汰弱留強之效，更避免抓龜走鱉的風險。

上述策略沒有保證絕對正確的選項，就像是世界上並不存在投資勝率 100% 的人，只有勝率相對高、相對低的分

別。如果 100 次交易，85 次賺錢，15 次虧錢，勝率達到 85%，就已經相當厲害了。

就算是你厲害到勝率達 99%，100 次交易當中，只有 1 次虧損，但是如果無法妥善處理那 1 次虧損，例如虧錢了還不死心、一直拗單、一直攤平，很有可能將另外 99 次獲利都侵蝕掉，甚至倒賠。

在股市中交易，最重要也最難的，絕對是紀律和停損。成功的投資人，除了擁有出色的交易技巧，也必然有強大的心態和習慣；而習慣的養成和戒除，都是需要時間和耐心的，與所有讀者共勉之。

實戰演練──
示範操作6檔標的

第4章

4-1 劍麟（2228）》掌握底部反彈 1個月波段獲利54.2%

　　當個股完成底部反轉型態，並且正式突破頸線之後，若估算出 20% ～ 30% 的目標漲幅，是相對容易達到的。但是如果個股基期相當低，同時是當前主流熱門題材，且搭配強勢的籌碼面，即使估算出的目標漲幅超過 30%，仍有可能達到；若能搭配移動式停利，獲利會更加可觀。

2019年7月，劍麟列入海選名單

　　以劍麟（2228）為例，我在 2019 年 7 月注意到這檔個股，它自從 2016 年 8 月初創下 262 元高點之後，K線形成中長空架構，已經修正了 3 年（詳見圖 1）。

　　2018 年底劍麟股價最低來到 58.9 元，下跌幅度接近 8 成；以 2019 年 7 月而言，股價雖漲至 90 元左右，長期而言仍符合基期低的條件。

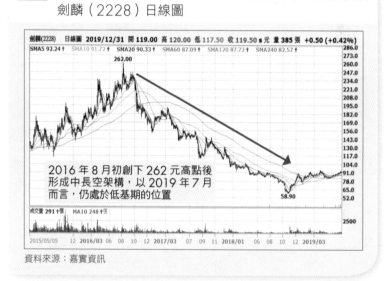

圖1　劍麟股價於2016年8月後進入中長空架構

劍麟（2228）日線圖

資料來源：嘉實資訊

　　劍麟主要業務是精密金屬配件加工製造，其中汽車安全零件（安全氣囊充氣殼體、預縮式安全帶精密導管、方向盤轉向系統組件等）占總營收約 75%，客戶更囊括全球前 3 大汽車安全系統大廠，屬於車用概念股，當時媒體議題也開始朝車用相關類股聚焦，因此被我列入初步海選名單。

　　接著觀察籌碼面，法人自 2019 年 6 月中旬就積極買進，

圖2 法人、融資、主力指標皆站在多方

劍麟（2228）日線圖

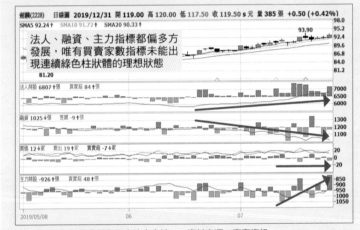

法人、融資、主力指標都偏多方發展，唯有買賣家數指標未能出現連續綠色柱狀體的理想狀態

註：法人持股及買賣超為三大法人合計　　資料來源：嘉實資訊

融資則持續減碼，主力指標也站在多方（詳見圖 2）。

　　唯一美中不足的是買賣家數指標，未能出現連續的綠色柱狀體，而是紅綠相間，顯示籌碼未出現集中趨勢。雖然整體而言未達理想狀態，但是法人、融資、主力指標都是偏多方發展，買賣家數就暫且忽略。再來觀察技術面 3 大條件：

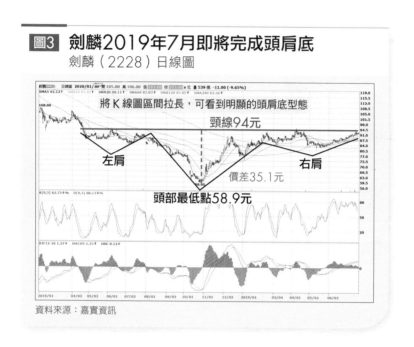

圖3 劍麟2019年7月即將完成頭肩底

劍麟（2228）日線圖

資料來源：嘉實資訊

條件1》型態

觀察 K 線圖更長的區間，可以發現自 2018 年 4 月下旬到 2019 年 7 月，劍麟即將完成類似頭肩底的型態（詳見圖 3）。

條件2》均線

股價站上 20 日均線（以下簡稱 20 日線，其他週期亦

同），且 20 日線處於上彎趨勢，確認中期趨勢走向多方。

條件3》KD指標

此波的底型超過 1 年，週 KD 指標呈現黃金交叉。技術面 3 大條件都滿足，另外搭配觀察 MACD 指標；2019 年 5 月底 MACD 指標上升至零軸之上，並呈現連續的紅色柱狀體，技術面呈現明顯的多方氣勢。

屬於頭肩底型態，可計算目標價滿足點

透過以上選股流程的確認，我決定將它納入自選股，並開始做出目標價預測；如果股價真能突破頸線 94 元，就可能完成底型，出現 1：1 的等距離漲幅。

目標價計算方式：

1. 頸線 94 元－底部最低點 58.9 元＝價差 35.1 元。

2. 頸線 94 元＋價差 35.1 元＝目標價 129.1 元（可取整數為 129 元）。

只要股價發動，正式突破頸線，就是理想買進機會。

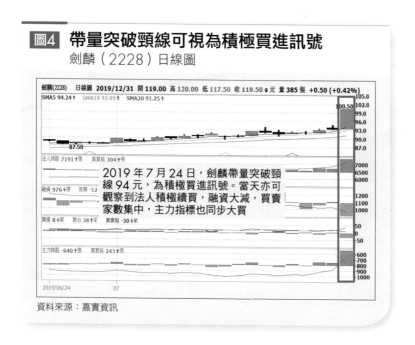

圖4 帶量突破頸線可視為積極買進訊號
劍麟（2228）日線圖

2019年7月24日，劍麟帶量突破頸線94元，為積極買進訊號。當天亦可觀察到法人積極續買，融資大減，買賣家數集中，主力指標也同步大買

資料來源：嘉實資訊

帶量突破頸線，即為重要買點

到了 2019 年 7 月 24 日，劍麟帶量突破頸線 94 元，宣告正式完成頭肩底，我視為積極買進訊號，開始進場布局（詳見圖 4）。

當天收盤後觀察籌碼變化，發現法人積極續買，融資則

是大減，買賣家數集中（買超券商家數小於賣超券商家數，呈現綠色柱狀體），主力指標也是同步大買。確認重要的籌碼面指標都站在多方，更加強持有信心。

　2019 年 7 月 24 日起漲之後，在續漲過程中雖然有 2 日小跌破 5 日線，但是 5 日線仍然上揚，因此我仍決定維持續抱（詳見圖 5）。同樣的，盤後觀察籌碼，法人依然積極續買，融資大減，買賣家數集中，主力指標也大買，確認籌碼面持續維持多方結構，無損我續抱的信心。

　到 2019 年 8 月 16 日，收盤價 128.5 元，已經接近目標價 129 元。由於籌碼面仍偏強勢發展，此時按照停利原則，以持有 10 張劍麟為例，我有 3 種策略可以選擇：

策略1》保守型
　等股價漲到 129 元，一次把 10 張全部賣出，可以確保獲利，但可能會錯過續漲的可能性。

策略2》積極型
　等股價漲到 129 元時，繼續持有，等到短線轉折訊號出

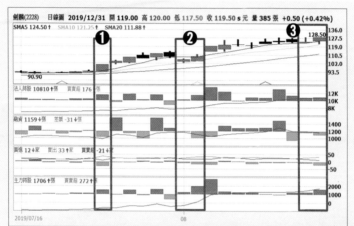

圖5　劍麟雖2度跌破5日線，但籌碼面仍在多方

劍麟（2228）日線圖

❶ 2019 年 7 月 24 日買進劍麟後；❷曾 2 度跌破 5 日線，但是盤後觀察籌碼面皆在多方架構；❸ 2019 年 8 月 16 日漲至 128.5 元

資料來源：嘉實資訊

現再賣出（例如爆量長黑長上影線、KD 指標死亡交叉、跌破 5 日線且 5 日線下彎）。

策略3》綜合型

　　等股價漲到 129 元先賣出 5 張，另外 5 張等短線轉折訊號出現再賣出。

　　而在綜合考量後，我認為劍麟籌碼面強勢，股價漲勢也穩健，因此最後採取積極型的操作方式。

　　回顧這次交易，從買進到賣出的重點摘要如下：

買進點》

　　2019 年 7 月 24 日帶量突破 94 元的頸線壓力區，執行買進（詳見圖 6-❶），並計算出底型反彈的目標價滿足點為 129 元。

持有過程觀察》

　　之後股價沿 5 日線上漲，除了 8 月初有 2 個交易日跌破 5 日線，但是因為 5 日線仍上揚，而且籌碼也穩健，維持續抱策略。股價行進過程中，整體而言一直守穩在 5 日線之上。

擬定賣出策略》

　　8 月 19 日股價盤中最高上漲到 133.5 元，當天最低價 127 元。因為已到達目標價 129 元，開始擬定離場策略（詳見圖 6-❷）。由於籌碼強勢走勢穩健，採取積極型操作，

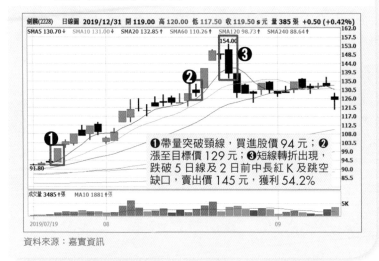

圖6 買進後等短線轉折離場，波段獲利54.2%

劍麟（2228）日線圖

❶帶量突破頸線，買進股價94元；❷漲至目標價129元；❸短線轉折出現，跌破5日線及2日前中長紅K及跳空缺口，賣出價145元，獲利54.2%

資料來源：嘉實資訊

計畫等短線技術面轉弱，再進行離場。

停利點》

8月23日股價最高來到154元，當日出現中長黑K棒（詳見圖6-❸），跌破2天前的中長紅K線，以及跳空缺口；同時跌破5日線，短線轉折出現，也是高檔轉弱的現象，當天將所有持股賣出，賣出價平均為145元。

報酬率》

買進價為 94 元，賣出價為 145 元，在未計交易成本的情況下，波段獲利為 54.2%。如果當時選擇保守型策略，選在到達目標價時就先以 129 元賣出，報酬率也有 37.2%。

4-2 友達（2409）》分批買進與賣出 累積報酬率達33.8%

在眾多的選股經驗中，我比較偏好景氣循環股，因為比較沒有競爭力和毛利率的問題，股價由市場供需決定。景氣好則需求增加，商品價格上揚，營收成長，股價自然上漲；景氣不好時需求降低，商品價格下滑，營收衰退，股價自然下跌。

規模較小的公司，若遇到景氣大幅衰退，也可能產生財務危機；為了增加選股的安全性，我會挑選景氣循環產業中的龍頭股或大型股，較不容易倒閉或下市；並且盡量聚焦在必需性的傳統產業，例如紡織、石化、橡膠等（詳見表1）。

大型股因為股本大、籌碼多，不易被主力上下其手、干預股價，主要是以市場的買賣力量決定價格；因此，股價和技術線型的穩定性相對高，比較不會有所謂騙線的問題。

此外，這種股票的成交量也相對大，身為普通股民，比較不用擔心流動性問題；即使資金部位較高，也能避免賣不掉的風險，看好時也較敢重壓。

特別是在想賺取底部反轉型態的反彈時，一樣能期待30% 左右的漲幅，但是因重壓，也能取得較高的獲利金額。

景氣循環股多是傳產類股，不過，電子業的上游零組件供應商由於資本密集度高，技術層面的差異小，公司之間的體質差異不大。因此，這類型公司的營收與獲利，除了受到市場的供需影響，在毛利率的部分，影響最大的不一定是技術或製程，而是取決於原料報價的高低，因此也可以歸納為廣義的景氣循環股。

箱型整理且利空不跌，籌碼疑有特定人進場

從 2010 年進入股票市場以來，讓我印象最深刻的是2016 年 6 月時交易的面板股友達（2409）。2016 年 6月，我觀察到友達從 2015 年 1 月的 19.15 元起跌，修正了近 3 季的時間，並在 2015 年 11 月～ 2016 年 6 月

表1 **挑選景氣循環產業龍頭股可增加安全性**
景氣循環產業類型及其代表個股

產業	代表個股（股號）
紡織業	新　紡（1419）、年　興（1451）
造紙業	永豐餘（1907）、正　隆（1904）、榮　成（1909）
石化業	台　塑（1301）、台　化（1326）
橡膠業	正　新（2105）、台　橡（2103）
水泥業	台　泥（1101）、亞　泥（1102）
航運業	長　榮（2603）、裕　民（2606）、陽　明（2609）
食品業	大統益（1232）、南　僑（1702）、聯華食（1231）
鋼鐵業	中　鋼（2002）、中　碳（1723）

註：食品業為民生必需型產業，但是原物料價格亦影響食品業的成本，而原物料是標準的景
　　氣循環產業，因此一併納入本表

進入箱型整理（詳見圖1）。

　　但是，這段期間友達既沒有消息面利多、也沒有基本面
轉好的跡象，甚至不時還有利空傳出。而股價卻沒有再跌
破 2016 年 2 月 15 日的最低點 8.21 元，此情況可解讀
為「利空不跌」，或是「利空測支撐」的現象，因此被我
列入海選的觀察股。

　　再觀察籌碼面，我發現 2016 年 6 月上旬，雖然股價還

圖1 友達長時間修正後進入箱型整理

友達（2409）日線圖

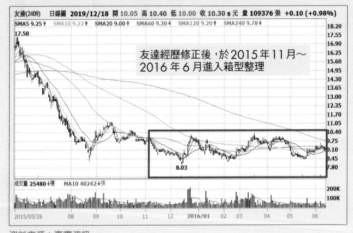

資料來源：嘉實資訊

在盤整，法人和融資也都呈現觀望的態勢，但是另外 2 個指標卻出現很特別的現象，買賣家數的綠色柱狀體比紅色柱狀體多，顯示籌碼集中，主力指標也顯示緩步增加的現象（詳見圖 2）。

我判斷，這表示在法人及散戶之外，已經有特定人逢低進場。

圖2 買賣家數顯示籌碼集中，主力持股增加

友達（2409）日線圖

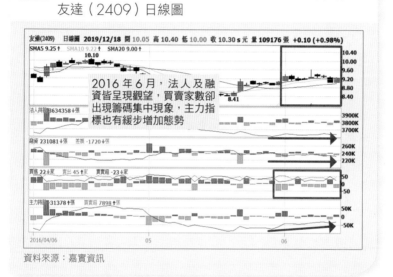

資料來源：嘉實資訊

弧形底、短線技術面翻多，可開始推估目標價

再看友達的技術面 3 大條件：

條件1》型態

雖然這段時間屬於箱型整理，卻也出現類似弧形底的結構，若真能完成底部，則可以期待股價出現底部型態的反

彈漲勢（詳見圖 3）。

條件2》均線

　股價已站上 20 日均線（以下簡稱 20 日線，其他週期亦同），且 20 日線上彎。

條件3》KD指標

　底型超過 3 個月，週 KD 指標呈現黃金交叉。

　2016 年 6 月看來，友達符合技術面的 3 個要件，已開始出現轉多跡象。

　若接下來能夠突破弧形底的頸線 10.38 元，可以期待股價能出現 1：1 的等距離漲幅。

　目標價計算方式：

　1.頸線 10.16 元－底部最低點 8.03 元＝價差 2.13 元。

　2.頸線 10.16 元＋價差 2.13 元＝目標價 12.29 元。

　接下來只要股價突破頸線、完成底型，我就打算進場。

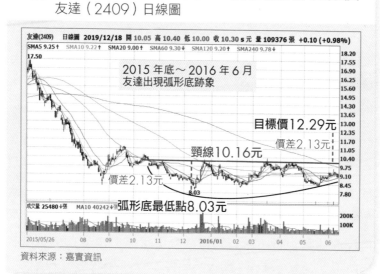

圖3 友達出現弧形底跡象，可開始計算目標價

友達（2409）日線圖

資料來源：嘉實資訊

看訊號分2批買進，遇短線轉弱分批賣出

由於經過初步海選，而且通過籌碼面和技術面的過濾，我在友達股價於 2016 年 6 月 28 日突破盤整區且站上年線時，以 9.7 元試單買進（詳見圖 4-❶）。

隔天出現向上跳空缺口，且帶量突破頸線壓力區 10.16

元（詳見圖 4-❷），是很明確的發動訊號；我選擇加碼，買足預計持有的張數。

接著又上漲了 1 日，之後進入盤整達 10 個交易日（詳見圖 4-❸）。盤整過程中並未跌破盤整區間，也沒有到達目標價，因此選擇續抱。

7 月 18 日突破盤整之後，很快地在 7 月 21 日到達目標價 12.29 元，當天盤中最高價來到 13.2 元（詳見圖 4-❹）。我觀察友達在這段期間的籌碼面仍持續強勢，而且股價位階也低，所以選擇積極型策略，也就是續抱所有持股，等待短線轉弱（觀察 5 日線、10 日線）作為停利點。

接下來，友達股價先跌後漲，股價創波段新高 13.35 元，但成交量沒有創新高，為第 1 次價量背離（詳見圖 4-❺）。盤整數日後，股價再創波段新高 13.75 元，成交量沒有創新高，此為第 2 次價量背離（詳見圖 4-❻）。

2 次價量背離顯示多頭氣勢轉弱，果然股價很快地在 8 月 10 日跌破 5 日線，且 5 日線下彎，於是部分賣出（詳

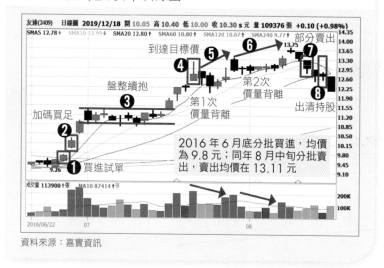

圖4 操作友達約1個半月，累積獲利約33.8%
友達（2409）日線圖

資料來源：嘉實資訊

見圖4-❼）。2日後，5日線和10日線出現死亡交叉，
將手中持股全數出清（詳見圖4-❽）。本次交易買進均價
為9.8元，賣出均價在13.11元，大約1個半月的時間，
在未計交易成本的情況下，累積報酬率約為33.8%。

在分批停利賣出之後，追蹤友達股價表現，可發現股價
持續下跌，呈現「高點一波比一波低，低點也一波比一波

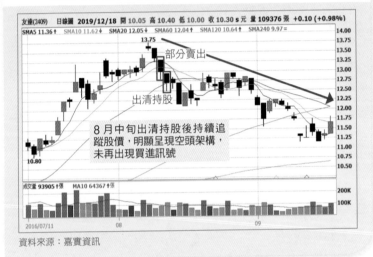

圖5 **2016年8月後友達股價走空頭架構**
友達（2409）日線圖

資料來源：嘉實資訊

低」的空頭結構，均線也依序出現5日線下彎、10日線下彎、20日線下彎的空頭排列走勢，沒有再出現買進訊號（詳見圖5）。

4-3 旺宏（2337）》未按預期上漲 應聰明停損

　　每一次交易，難免希望股價走勢能按照自己的規畫行進，達到戰無不勝的境界。很遺憾，股票不是數學公式，更不是科學定律，絕對不會百分之百準確，更不會每一次都按照預期的路徑前進。

　　有時候，可能沒有上漲到預期的目標價滿足區就回跌，也可能底型突破失敗，甚至股價修正得非常慘烈。而當股價漲勢不如預期，甚至不漲反跌時，交易策略的修正以及紀律停損，就是非常重要的課題。

及時停損，可以將傷害降至最低

　　近年讓我印象深刻的停損經驗，以 2018 年 5 月交易的旺宏（2337）為代表。旺宏主要產品為快閃記憶體（NOR Flash）及唯讀記憶體（ROM），是日本遊戲主機大廠任

天堂的供應商。2018 年上半年，市場期待隨著任天堂 Switch 遊戲機熱賣，有望帶動旺宏股價，因此被我以「熱門題材股」由理由納入海選名單。由於是題材面選股，自然也容易隨著題材消失而下跌，再加上當時大盤處在盤整區間，因此我一開始就打算偏短線操作。

由於市場對旺宏的關注度高，2017 年 8 月減資後，股價持續上漲，最高在 2017 年 10 月 23 日來到 60.9 元；之後進入回檔，持續高檔盤整到 2018 年 5 月。

這段盤整期間，題材持續發酵，2018 年 5 月中旬，股價從 40.8 元低點上漲，法人持續買進，融資持續減碼；買賣家數綠色柱狀體比紅色柱狀體多，顯示籌碼集中；主力指標也顯示緩步增加的現象，整體籌碼逐漸轉強（詳見圖 1）。

再看技術面，從 60.9 元回檔以來，型態已經出現一個近一個月的弧形底，頸線位置為 47 元（詳見圖 2）。股價站上 20 日均線（以下簡稱 20 日線，其他週期亦同），20 日線有緩緩上彎跡象，週 KD 指標也呈現黃金交叉，符

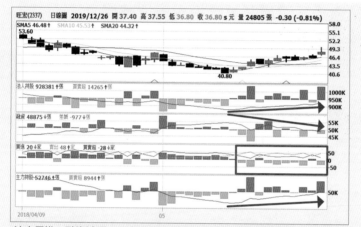

圖1 2018年5月下旬旺宏籌碼面轉強

旺宏（2337）日線圖

法人買進、融資減碼；買賣家數的綠色柱狀體多於紅色柱狀體，顯示籌碼集中；主力指標緩步增加，籌碼面轉強

資料來源：嘉實資訊

合技術面 3 個要件。

到了 2018 年 5 月 28 日，旺宏股價帶量突破頸線，收在 48.6 元，此時可算出底部反彈的目標價為 53.2 元：

1. 頸線 47 元－底部最低點 40.8 元＝價差 6.2 元。

2. 頸線 47 元＋價差 6.2 元＝目標價 53.2 元。

買進後不漲反跌，應把握出場時機

由於是熱門題材股，加上技術面以及籌碼面都符合買進條件，我在 2018 年 5 月 28 日帶量突破頸線當天進場，平均成本約 48 元。雖然當天留長上影線，但是無損多頭結構（詳見圖 3-❶）。

原先依照底部型態算出的目標價為 53.2 元，但是買進後只沿著 5 日線上漲了 3 天，於 5 月 31 日這天達到最高點 51.5 元，沒有碰到目標價就隨即下跌。

再隔 2 個交易日，股價於 6 月 4 日這天跌破 5 日線且 5 日線下彎，為最短線的第 1 個賣出訊號（詳見圖 3-❷）。此時的股價在我的買進成本 48 元附近，考慮到短線有趨弱可能，我選擇保守策略，先做預防性減碼，將一半持股賣在 48.85 元，只留下一半繼續觀察。

過了幾天，股價不但沒有止跌，6 月 11 日這天更是出現

圖2　旺宏於2018年5月完成弧形底

旺宏（2337）日線圖

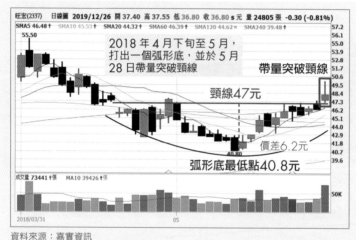

旺宏(2337)　日線圖　2019/12/26 開 37.40 高 37.55 低 36.80 收 36.80 s 元　量 24805 張　-0.30 (-0.81%)

SMA5 46.48↑　SMA10 45.53↑　SMA20 44.32↑　SMA60 46.39↑　SMA120 44.62=　SMA240 39.48↑

55.50

2018 年 4 月下旬至 5 月，
打出一個弧形底，並於 5 月
28 日帶量突破頸線

帶量突破頸線

頸線47元

價差6.2元

弧形底最低點40.8元

40.80

成交量 73441↑張　MA10 39426↑張

50K

2018/03/31　　05

資料來源：嘉實資訊

「股價跌破 10 日線且 10 日線下彎」、「5 日線與 10 日線死亡交叉」，此時視為積極的賣出訊號（詳見圖 3-❸）。由於先前我已做預防性減碼，決定多等幾天，沒想到 6 月 14 日股價更弱勢，跌破了 20 日線和頸線，收盤前決定出清剩餘半數持股，賣出價為 46.4 元（詳見圖 3-❹）。

對於停損而言，20 日線是相對落後的指標，通常只是用

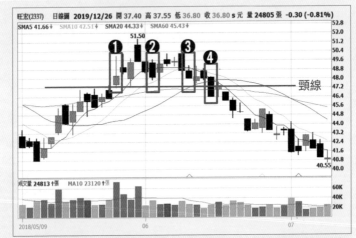

圖3 買進後未如預期漲到目標價,分2批賣出

旺宏（2337）日線圖

❶以 48 元進場;❷跌破 5 日線且 5 日線下彎,以 48.85 元先賣出半數持股;❸跌破 10 日線且 10 日線下彎、5 日線與 10 日線死亡交叉,股價明顯轉弱;❹跌破 20 日線及頭部頸線,以 46.4 元出清剩餘半數持股

資料來源:嘉實資訊

來確認;但是即便相對落後,從後續的波段跌幅來看,把握這個停損點仍可賣在相對高點。

　　觀察後續走勢,股價一路探底,直到 2018 年 10 月底最低點 15.15 元才完全落底,從 2018 年 5 月底的波段

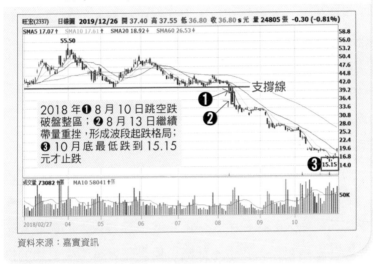

圖4　旺宏於2018年10月最低跌至15.15元
旺宏（2337）日線圖

資料來源：嘉實資訊

高點 51.5 元起算，跌幅高達 70%（詳見圖 4）。若當初
我沒有果斷在前述的停損點出場，恐遭受巨幅虧損。

前文已有介紹停損心法（詳見 3-7、3-8），對於波段交
易的初學者，我要特別強調幾個關鍵點：

1. 進場前就設定好停損條件和機制。例如中長紅或大量

K 棒的中值、5 日線、KD 指標死亡交叉、上升趨勢線、10
日線、20 日線、頭部頸線、前波低點等，一旦股價觸及這
些關鍵訊號，就應該紀律出場。有停損機制的建立，才有
辦法遵守停損紀律。

2. 建立明確的停損機制之後，在停損訊號出現時，很可
能無法狠心斷捨離；此時，減碼或是停損一半，會是一個
理想的做法，也比較容易做到。

3. 記取教訓。很多大師跟前輩的演講跟書籍都説過，要
成為一位偉大的操盤手，一定要經過 3 次以上的破產。破
產實在太過可怕，我也不鼓勵，但是確實有不少成功的投
資人，練就非凡的成就之前，都免不了經歷幾次痛徹心扉
的慘賠，才會大徹大悟，了解到停損的重要性，最終養成
紀律停損的習慣。

當然，這不表示經歷多次大賠，最終就一定會成功。只
有記取教訓、修正投資方法，遵守紀律，才有可能朝正確
的方向前進。

4-4 味全（1201）》帶量突破壓力區抓住36%反彈漲幅

分享完我的經驗後，接下來將再提供 3 檔個股進一步的實戰演練。以下所舉例的個股及時間點，當時都已經通過本書所介紹的篩選流程，同時美股、台灣的加權股價指數及櫃買指數也皆為多頭行情。

因此，我會直接透過漏斗式選股法、計算目標價、尋找個股發動點及出場點等步驟，依序示範當時的個股應如何操作（所舉例個股不代表目前推薦個股）。

首先是味全（1201）。2019 年 4 月 17 日時，觀察台灣加權股價指數處在高點、低點皆為一波比一波高的多頭架構，短、中、長期均線也都上揚，並呈現多頭排列，符合「多頭做多」的外在條件（詳見圖 1）。

味全屬於大型股，股價長期處在低位階，自 2015 年進

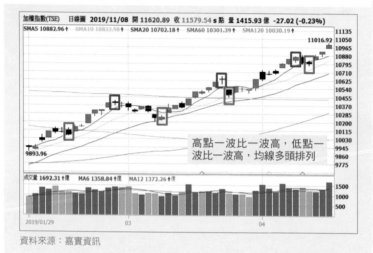

圖1 2019年4月中旬大盤處於多頭架構

加權指數日線圖

高點一波比一波高，低點一
波比一波高，均線多頭排列

資料來源：嘉實資訊

入長期打底。2019 年 4 月時年報公布，2018 年第 4 季
出現單季虧損，但是股價僅小幅下跌後就很快止跌，視為
利空不跌。當時可用「產業轉機股」條件納入海選名單。

觀察籌碼面，2019 年 4 月上旬外資與自營商連續賣超，
投信並未著墨，但是股價並未見明顯下跌，推測有特定人
逢低承接。到了 4 月 17 日，外資反賣為買，主力指標也

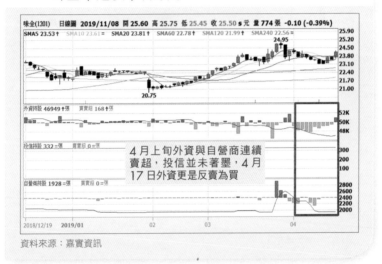

圖2 2019年4月外資先賣後買

味全（1201）日線圖

味全(1201)　日線圖　**2019/11/08 開 25.60 高 25.75 低 25.45 收 25.50 s 元 量 774 張 -0.10 (-0.39%)**

SMA5 23.53↑　SMA10 23.61＝　SMA20 23.81↑　SMA60 22.78↑　SMA120 21.99↑　SMA240 22.56＝

外資持股 46949↑張　買賣超 168↑張

投信持股 332＝張　買賣超 0＝張

自營商持股 1928＝張　買賣超 0＝張

4月上旬外資與自營商連續賣超，投信並未著墨，4月17日外資更是反賣為買

2018/12/19　2019/01　02　03　04

資料來源：嘉實資訊

轉強（詳見圖 2、圖 3）。融資則是有買有賣，可見買盤並非來自散戶。買賣家數開始有籌碼集中的跡象，整體而言籌碼指標持平。

味全技術面出現W底，股價站上3條均線

技術面部分可觀察是否符合 3 條件：

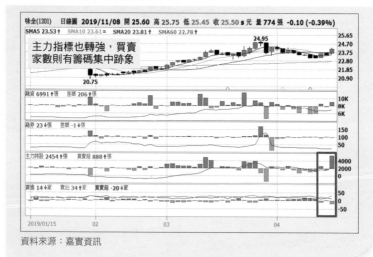

圖3 **2019年4月味全主力指標轉強**
味全（1201）日線圖

資料來源：嘉實資訊

條件1》型態：即將完成近4年大W底

　　2019年4月17日可觀察到，味全出現近4年的W底，頸線位置約為24.8元。此為即將完成W底的型態，值得密切觀察股價能否有效突破底型（詳見圖4）。

條件2》均線：短線轉多

　　股價站上5日均線（以下簡稱5日線，其他週期亦同）、

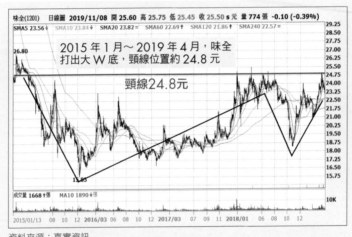

圖4　味全打出大W底，可畫出頸線位置
味全（1201）日線圖

2015 年 1 月～ 2019 年 4 月，味全
打出大 W 底，頸線位置約 24.8 元

頸線24.8元

資料來源：嘉實資訊

10 日線、20 日線，且 3 條均線都上揚，顯示短線已經由
空頭翻多（詳見圖 5）。同時也可觀察到價漲量增，價量
關係十分健康。

條件3》KD指標：短中期偏多

　打底時間近乎 4 年，觀察週 KD 指標表現，已於 2019
年 2 月底出現黃金交叉，4 月中旬週 KD 指標持續維持在

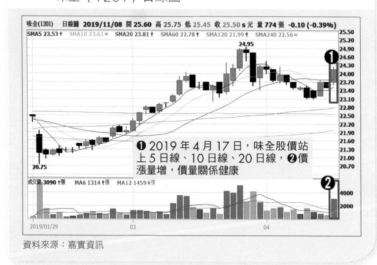

圖5 味全價量關係健康，股價站上短中期均線

味全（1201）日線圖

● 2019年4月17日，味全股價站上5日線、10日線、20日線，❷ 價漲量增，價量關係健康

資料來源：嘉實資訊

高檔。從短線來看，日KD指標也在20%以上黃金交叉，其中的K值已經到50%以上（詳見圖6），可見整體股價結構已由反彈逐漸轉為回升。

同時可觀察到，MACD指標在零軸以上，且綠色柱狀體逐漸遞減，代表空方力量逐漸轉弱。至此可確認味全通過技術面篩選，可考慮納入自選股觀察名單。

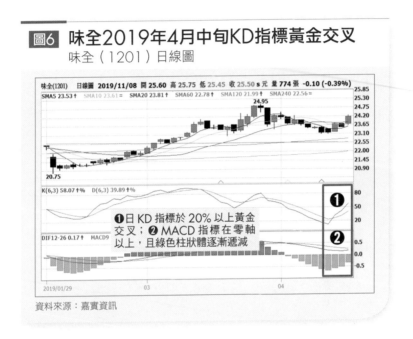

圖6 **味全2019年4月中旬KD指標黃金交叉**

味全（1201）日線圖

味全(1201)　日線圖 2019/11/08 開 25.60 高 25.75 低 25.45 收 25.50 s 元 量 774 張 -0.10 (-0.39%)

SMA5 23.53↑ SMA10 23.61= SMA20 23.81↑ SMA60 22.78↑ SMA120 21.99↑ SMA240 22.56=

❶日 KD 指標於 20% 以上黃金
交叉；❷ MACD 指標在零軸
以上，且綠色柱狀體逐漸遞減

資料來源：嘉實資訊

估算底部反彈至有效目標價，潛在漲幅36%

假設味全能夠有效突破 W 底的頸線 24.8 元，有可能完成 1：1 的等距離漲幅，因此我們可先計算目標價（詳見圖7）。

也由於味全打底時間長達 4 年，為了能看到更清楚的長

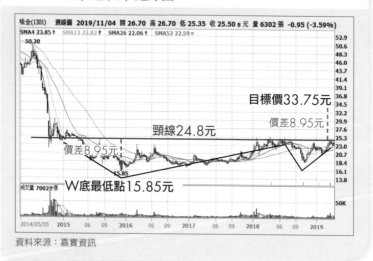

圖7 味全底部反彈目標價達33.75元

味全（1201）週線圖

資料來源：嘉實資訊

天期結構，可將日 K 線圖切換為週 K 線圖。

目標價計算方式：

1.頸線 24.8 元－底部最低點 15.85 元＝價差 8.95 元。

2.頸線 24.8 元＋價差 8.95 元＝目標價 33.75 元。

若未來成功漲至目標價，與頸線之間約有 36% 的漲幅，

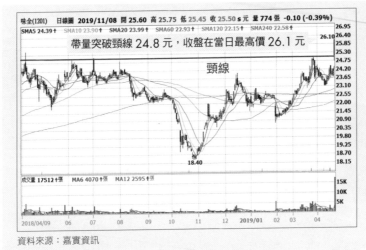

圖8 味全2019年4月23日帶量突破頸線

味全（1201）日線圖

味全(1201) 日線圖 2019/11/08 開 25.60 高 25.75 低 25.45 收 25.50 s 元 量 774 張 -0.10 (-0.39%)

SMA5 24.39↑ SMA10 23.90↑ SMA20 23.99↑ SMA60 22.93↑ SMA120 22.15↑ SMA240 22.58↑

帶量突破頸線 24.8 元，收盤在當日最高價 26.1 元

頸線

18.40

成交量 17512↑張 MA6 4070↑張 MA12 2595↑張

2018/04/09 06 07 08 09 10 11 12 2019/01 02 03 04

資料來源：嘉實資訊

即可正式列入觀察股，等買進訊號出現時進場。

尋找股價發動點及出場點

2019 年 4 月 23 日開盤，味全帶量突破頸線壓力區（詳見圖 8），當天 K 線的漲幅遠超過 2%，為第 1 個買點（詳見圖 9）。

當天的最近 5 檔的買賣力道買盤積極，單筆成交明細出現連續買單、內外盤比紅色外盤價強於綠色內盤價（最近 5 檔的買賣力道、單筆成交明細、內外盤比等 3 項資訊因電腦軟體每日更新，撰寫本書時無法回溯圖檔和資訊，使用方法詳見 3-5）。

若於 2019 年 4 月 23 日買進，會遇到股價進入一段時間的整理。直到 5 月下旬突破盤整區，可視為續攻的訊號，為第 2 買點或加碼點。若能掌握到上述買進訊號，持有 1 個月～ 2 個月後將可遇到 4 個賣點：

賣點 1》6 月 24 日股價上漲到 34.4 元，到達目標價 33.75 元，此為採取保守型策略的賣出點。

賣點 2》等到 6 月 28 日跌破 5 日線和 5 日線下彎，再進行賣出，此為積極型策略的賣出點。若採取綜合型策略，可分別於 6 月 24 日、6 月 28 日各賣出一半持股。

賣點 3》若沒有掌握到前 2 個賣出點，7 月 3 日這天，5 日線和 10 日線正式死亡交叉，則需要趕緊賣出。

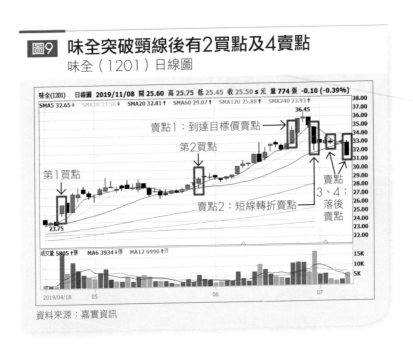

圖9 味全突破頸線後有2買點及4賣點
味全（1201）日線圖

資料來源：嘉實資訊

　　賣點 4》7 月 8 日股價跌破 20 日線，雖然 20 日線尚未下彎，為了謹慎起見仍需在此刻賣出，以確保獲利入袋。7 月 3 日、7 月 8 日都是落後的賣出點。

4-5 凌巨（8105）》留意最佳買點 短線獲利逾3成

2019 年 8 月，台股大盤與電子類股指數從 6 月波段低點慢慢上漲，短線上開始走出多頭格局。

當時新聞媒體上，開始出現中小型面板廠凌巨（8105）提升高毛利率產品比重、第 2 季末本業轉盈等利多消息；觀察它的股價位置在低位階，股價也從 6 月起出現緩步上升的趨勢，因此以「熱門題材股」，納入初步海選名單。

再觀察籌碼面，外資和自營商於 2019 年 6 月和 7 月都有逢低承接凌巨，股價持續上漲，投信則沒有著墨。同年 8 月初外資轉為賣超，但是總體持有張數仍維持在相對高檔，籌碼面還算偏多看待（詳見圖 1）。同期間融資和融券有買有賣，可見散戶態度持平，主力指標買盤則不積極；不過，買賣家數明顯以綠色柱狀體居多，顯示籌碼趨於集中（詳見圖 2）。

圖1 2019年6月～7月外資逢低承接凌巨
凌巨（8105）日線圖

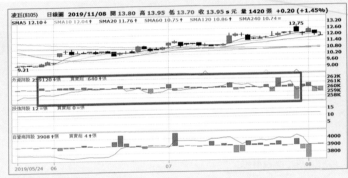

資料來源：嘉實資訊

圖2 2019年6月～7月凌巨籌碼趨於集中
凌巨（8105）日線圖

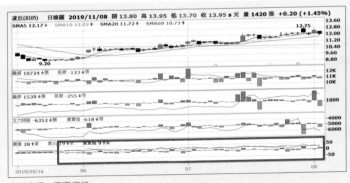

資料來源：嘉實資訊

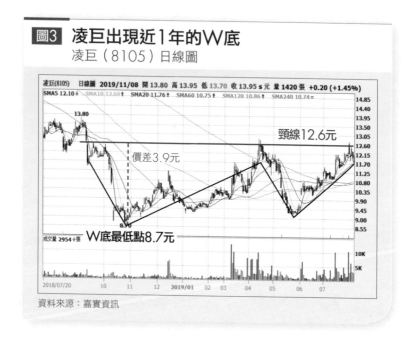

圖3　**凌巨出現近1年的W底**
凌巨（8105）日線圖

頸線12.6元

價差3.9元

W底最低點8.7元

資料來源：嘉實資訊

凌巨技術面出現近1年W底

再來檢視技術面 3 條件：

條件1》型態：將完成1年W底

2019 年 8 月初，觀察到已出現近 1 年的 W 底型態，
可畫出頸線，價位大約在 12.6 元，但股價尚未突破底部

圖4 凌巨5日線下彎，但10日線、20日線上揚

凌巨（8105）日線圖

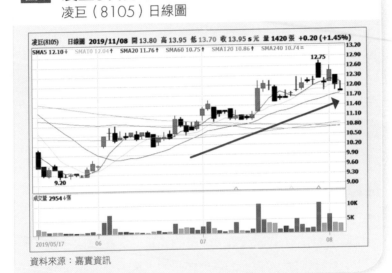

資料來源：嘉實資訊

（詳見圖3）。

條件2》均線：10日線、20日線上揚

K線圖顯示股價從 2019 年 6 月開始往上漲，已經由空頭翻多，價量關係也健康。8 月初時，5 日均線（以下簡稱 5 日線，其他週期亦同）雖然下彎，但 10 日線、20 日線上揚（詳見圖4）。

條件3》KD指標：週KD指標黃金交叉，短線回檔

日 KD 指標在 2019 年 7 月底死亡交叉後修正，MACD 指標雖轉弱，但是仍在零軸以上。

由於打底過程超過 3 個月，改為觀察週線圖可發現，週 KD 指標出現黃金交叉（詳見圖 5），中期仍處於多頭架構，可忽略短線的回檔。

估算底部反彈至有效目標價，潛在漲幅31%

倘若凌巨能夠有效突破 W 底的頸線 12.6 元，也有可能以 1：1 等距離上漲。此時可利用 W 底的最低點 8.7 元及頸線計算出目標價，看看潛在的漲幅約有多少。

目標價計算方式：
1. 頸線 12.6 元－底部最低點 8.7 元＝價差 3.9 元。
2. 頸線 12.6 元＋價差 3.9 元＝目標價 16.5 元。

以目標價 16.5 元與頸線 12.6 元計算，有 31% 的上漲空間，可正式列入觀察股，等買進訊號出現時進場。

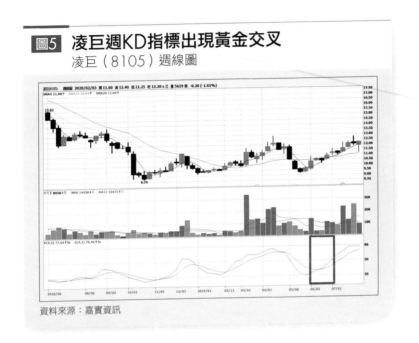

圖5 凌巨週KD指標出現黃金交叉
凌巨（8105）週線圖

資料來源：嘉實資訊

尋找股價發動點及出場點

2019 年 8 月 12 日開盤，凌巨正式帶量突破頸線壓力區，收在最高價 13.4 元（詳見圖 6），當天股價收盤價比開盤價高出近 6%，買盤積極，為第 1 個重要買點；8 月 15 日再度帶量上漲，視為續攻訊號，是第 2 買點或加碼點（詳見圖 7）。而在進場後，很快地依序出現以下 4 個重

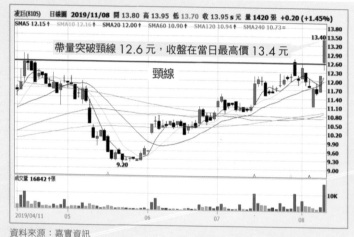

圖6 凌巨2019年8月12日帶量突破頸線

凌巨（8105）日線圖

凌巨(8105)　日線圖 **2019/11/08** 開 13.80 高 13.95 低 13.70 收 13.95 s 元 量 1420 張 +0.20 (+1.45%)

SMA5 12.15↑　SMA10 12.16↑　SMA20 12.00↑　SMA60 10.90↑　SMA120 10.94↑　SMA240 10.73=

帶量突破頸線 12.6 元，收盤在當日最高價 13.4 元

頸線

9.20

成交量 16842 ↑張

10K

資料來源：嘉實資訊

要賣點：

賣點 1》8 月 19 日盤中最高漲到 16.7 元，當天到達目標價 16.5 元，為保守型策略的賣點。

賣點 2》採取積極策略者可續抱，8 月 26 日跌破 5 日線和 5 日線下彎，出現短線轉折時賣出，當天收在最低價

圖7 凌巨突破頸線後有2買點，可掌握4賣點

凌巨（8105）日線圖

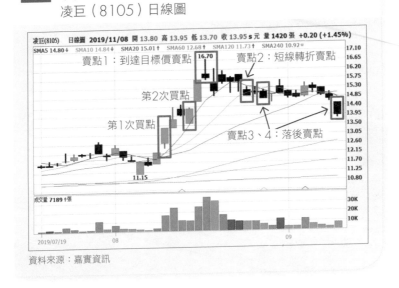

資料來源：嘉實資訊

14.9 元，仍可保有獲利。採取綜合型策略者，則可分別於 8 月 19 日、8 月 26 日各賣出一半持股。

賣點 3》5 日線和 10 日線正式死亡交叉，此時已是落後賣點，若未掌握到前 2 個賣點，須盡快賣出。

賣點 4》股價跌破 20 日線，是更落後的賣點。

　　若能確實掌握到第 1 個賣點，很快就能獲得漲到目標價的漲幅。若來不及在理想價位出場，也務必要掌握後續的出場機會，以免抱上又抱下，落得一場空。

4-6 宏捷科（8086）》把握2波反轉 強勢續漲再賺5成

2019 年 6 月，台股大盤與電子類股指數短線落底後上漲，開始出現高點、低點一波比一波高的多頭格局，符合「多頭做多」的環境。前文介紹的範例都是底部型態反彈的標準操作，接近或完成目標價時，賺取第 1 波獲利。然而，接下來股價很可能續漲，倘若基本面、籌碼面、消息面、題材面等仍然強勢，將會出現第 2 波操作機會，且漲幅往往更可觀。

宏捷科（8086）就是我印象特別深刻的 1 檔，在底部反彈、強勢續漲的 2 階段，在未計交易成本的情況下，我的累積報酬率分別達到 37%、近 50%，以下依序說明：

第1波底型操作》中期底部反轉行情

宏捷科與穩懋（3105）、全新（2455）同為「砷化鎵

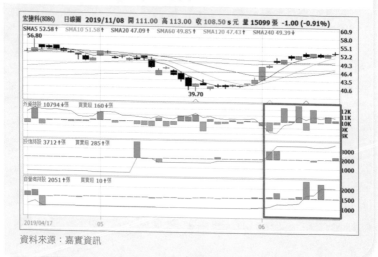

圖1 2019年6月三大法人買超宏捷科
宏捷科（8086）日線圖

資料來源：嘉實資訊

三雄」。在即將進入 5G（第 5 代行動通訊）的時代，砷化鎵為高速無線通訊關鍵零組件的重要材料，因此砷化鎵族群受矚目的程度愈來愈高。

2019 年上半年，可觀察到宏捷科股價長期位於低位階，並且逐漸轉強，6 月時更隨著法人持續買進而轉強，以「主流強勢股」、「法人籌碼股」理由納入初步海選名單。

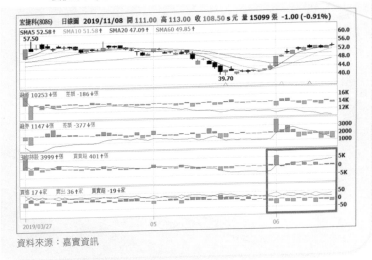

圖2 **2019年6月主力指標轉強、籌碼趨於集中**
宏捷科（8086）日線圖

資料來源：嘉實資訊

　　在籌碼面的部分，2019年6月初可看到外資、投信、自營商三大法人持續買超，持股張數明顯增加，緩步推升股價（詳見圖1）。同期間融資融券同步減少，散戶並未關注。主力指標轉強，買賣家數顯示籌碼集中（詳見圖2）。

宏捷科技術面符合做多條件

　　同樣要來檢視宏捷科的技術面3條件：

圖3　宏捷科出現近1年W底，股價尚未突破

宏捷科（8086）日線圖

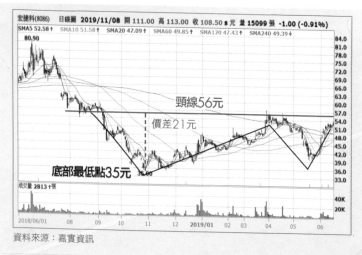

資料來源：嘉實資訊

條件1》型態：打出近1年W底

2019年6月中旬，觀察到即將完成近1年的W底，頸線位置在56元，但尚未突破（詳見圖3）。

條件2》均線：5日線、10日線、20日線多頭排列

5日均線（以下簡稱5日線，其他週期亦同）、10日線、20日線上揚，且呈現多頭排列。可見短線已經由空頭翻多；

圖4 **宏捷科均線上揚且呈現多頭排列**
宏捷科（8086）日線圖

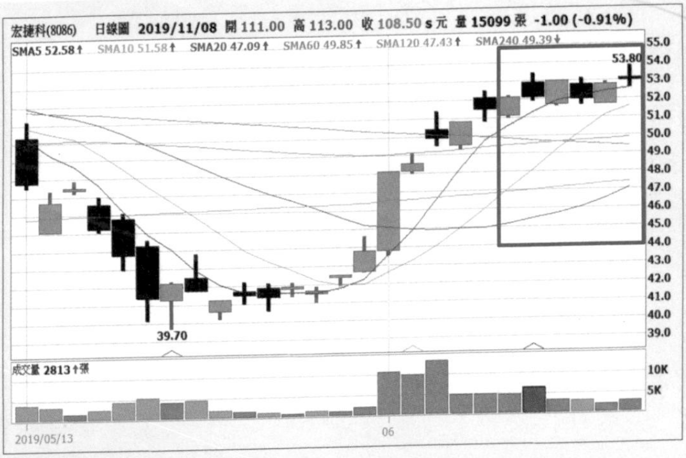

資料來源：嘉實資訊

價量關係為價漲量增、價穩量縮，也相當健康（詳見圖4）。

條件 3》KD 指標：週 KD 指標黃金交叉，為多方結構

週 KD 指標在 6 月第 1 週出現黃金交叉，符合技術面要件。日 KD 指標雖從 80% 以上鈍化區稍微滑落，短線多方力量趨緩，但是 K 值還在 50% 以上，MACD 指標也在零軸以上，整體仍為多方結構（詳見圖5）。

估算底部反彈至目標價，潛在漲幅37.5%

觀察宏捷科可能即將完成底型，此時即可用頸線 56 元及底部低點 35 元，計算底部反轉型態的目標價。

目標價計算方式：

1. 頸線 56 元－最低點 35 元＝價差 21 元。
2. 頸線 56 元＋價差 21 元＝目標價 77 元。

以頸線 56 元到目標價 77 元計算，可知道有 37.5% 的潛在漲幅。

尋找股價發動點及出場點

2019 年 6 月 20 日～ 25 日共有 4 個交易日，股價皆突破頸線，不過漲幅和量能都不夠大，因此保持觀察。直到 6 月 26 日當天，股價正式帶量突破頸線壓力區，當天漲幅更高達 9% 以上，視為有效突破（詳見圖 6）。

同時股價站上 5 日線、10 日線、20 日線，且這 3 條均線皆維持上揚，所有均線呈現多頭排列，也可在盤中觀察到買盤積極，因此當天即為最佳的進場點。

圖5 宏捷科中期多頭結構未破壞

宏捷科（8086）日線圖

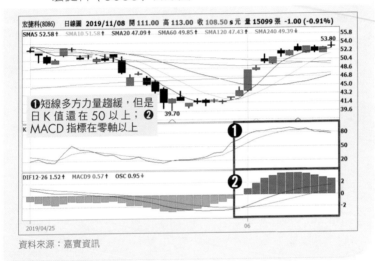

資料來源：嘉實資訊

　　股價沿著 5 日線上漲，一度陷入盤整，在 70 元之下裹足不前。由於此時已經靠近目標價位置，若想要加碼，可在 7 月 11 日股價突破此盤整區時小幅追買。這檔股票比較特別的是，在確實漲到目標價一度轉弱，因此可掌握以下賣點與回補買點（詳見圖7）：

賣點1》股價陷入盤整，7 月 23 日漲到最高價 76.3 元，

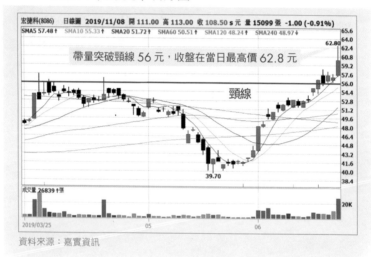

圖6 宏捷科2019年6月26日帶量突破頸線
宏捷科（8086）日線圖

帶量突破頸線 56 元，收盤在當日最高價 62.8 元

頸線

資料來源：嘉實資訊

收在最低點 72.8 元。當天最高價其實已經很靠近 77 元的目標價，採取保守策略者可在此時先賣出，即使賣在最低價，也能掌握約 30% 的獲利空間。

　賣點 2》若沒有在上述賣點出場，而是選擇繼續持有，那麼在股價於 7 月 30 日這天，跌破 5 日線且 5 日線下彎，可先進行第 1 次減碼。

圖7 宏捷科8月6日收長紅K線,為回補買點

宏捷科(8086)日線圖

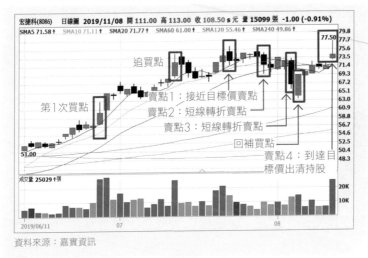

宏捷科(8086) 日線圖 2019/11/08 開 111.00 高 113.00 收 108.50 s 元 量 15099 張 -1.00 (-0.91%)

SMA5 71.58↑ SMA10 71.11↑ SMA20 71.77↑ SMA60 61.00↑ SMA120 55.46↑ SMA240 49.86↑

追買點
賣點1:接近目標價賣點
第1次買點
賣點2:短線轉折賣點
賣點3:短線轉折賣點
回補買點
賣點4:到達目標價出清持股

成交量 25029 十張

資料來源:嘉實資訊

賣點3》 8月5日股價大跌,同時摜破5日線、10日線、20日線,且5日線、10日線下彎,此為第2次減碼點。想等待股價轉弱的積極型策略者,最好能在此時出場。

回補買點》 8月6日遇到7月初的前低支撐,做了止跌並收長紅K線,可以視為回補買點。但由於距離起漲點56元已經有一段距離,股價位階相對高,回補張數也不宜太

多，保守者也可以選擇不要回補。

賣點 4》股價回到上漲軌道，均線重新翻多，8 月 14 日出現向上跳空缺口，此時正式到達 77 元目標價，手中仍有持股者可在此時將持股出清。

第2波底型操作》長期底部反轉行情

在 2019 年 8 月中旬漲到底部反彈目標價 77 元後，由於當時宏捷科的基本面以及題材面都持續加溫，於是我持續追蹤籌碼面變化，觀察是否有機會出現第 2 波操作機會。

將 K 線圖區間再拉長，可發現從 2015 年底開始，宏捷科打出了一個更大的底型，由於這次畫出的頸線有傾斜狀況，計算目標價方式如下（詳見圖 8）：

1. 頸線（底型的反彈高點）81.5 元－底部最低點 35 元＝價差 46.5 元。

2. 突破底型的頸線位置 75 元＋價差 46.5 元＝目標價 121.5 元。

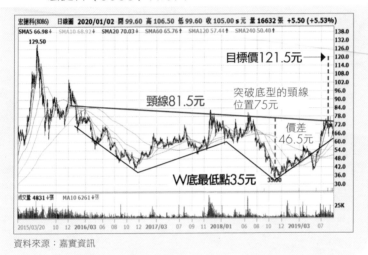

圖8 宏捷科第2波底型目標價121.5元

宏捷科（8086）日線圖

資料來源：嘉實資訊

可知道，若這波順利發動上漲，最多可取得約 60% 潛在漲幅。接著可觀察股價表現及籌碼面，尋找股價的發動點。

2019 年 7 月中旬到 8 月底，宏捷科股價進行盤整；觀察法人持股變化，有買也有賣，陷入觀望。融資也呈現觀望，買賣家數指標則為紅綠柱狀體交錯，看不出明顯籌碼集中的現象。

圖9 宏捷科2019年8月盤整且籌碼面觀望

宏捷科（8086）日線圖

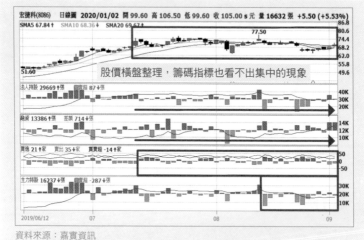

資料來源：嘉實資訊

主力指標則在8月中旬過後積極減碼。整體看起來，籌碼面沒有太多加碼買進的訊號，也符合這段期間股價盤整的現象（詳見圖9）。

等待股價發動點及出場點

盤整一段時間後，2019年9月4日終於出現帶量中長紅K線，一舉突破頸線位置75元，視為買進訊號。當天

圖10 有效突破頸線位置75元，可視為買進訊號

宏捷科（8086）日線圖

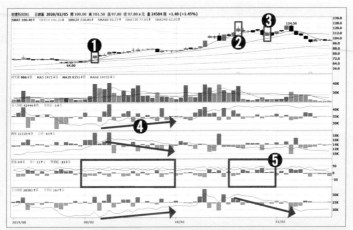

❶ 2019 年 9 月 4 日帶量突破頸線為買點；❷ 2019 年 10 月 22 日接近目標價，可作為賣點；❸ 2019 年 10 月 30 日 5 日線與 10 日線死亡交叉，為短線轉折賣點；❹ 4 項籌碼指標皆站在多方；❺ 10 月中旬後 2 項籌碼指標轉弱

資料來源：嘉實資訊

最高價與收盤價 77.1 元，站上 8 月 14 日的收盤價 74.2 元（詳見圖 10）。

　　買進之後籌碼持續轉強，法人陸續買進，融資減碼，買賣家數集中，主力籌碼偏多，之後股價沿 5 日線推升，持

股續抱。10月中旬之後，買賣家數及主力指標已經慢慢有轉弱的現象，這時就要比較密切注意股價是否出現轉折現象，可掌握以下2個重要賣點：

賣點1》10月22日當天，最高價來到123.5元，已經到達121.5元的目標價。由於先前籌碼有轉弱現象，可採取綜合型策略，此時先賣一半持股，另一半等短線轉折訊號再賣出。

賣點2》10月30日這天出現5日線與10日線死亡交叉，為短線轉折訊號，出清所有持股。

雖然後續股價有續創新高，並未賣在最高點，但是既然已經到達目標價，且出現價量背離現象，已經無法估算新的有效目標價，於是選擇不再追買，結束交易。

此次第2波底型操作，於9月4日突破時以大約77元買進，並於上述2個賣點分2批出場，將近2個月的時間共取得約50%的累積報酬率。

致勝關鍵——
學習投資贏家心法

第 5 章

掌握技術分析要領 做出正確投資決策

5-1

常常有投資人問，技術分析有用嗎？真的可以不看基本面、產業面，只純粹靠技術面的操作而獲利嗎？

技術分析有它的侷限性，但是掌握對的方法，仍能幫助我們追求合理的獲利。

網路上有一個廣為流傳的經典笑話，是這樣說的：

「中午在肯德基一邊吃辣翅一邊看股票，一名乞丐進來伸手乞討，我給他一塊辣翅後繼續看股票，乞丐啃著辣翅沒走，也在旁看著。」

「過了一下子，乞丐悄悄說：『長期均線交叉，KD 指標底部反覆鈍化，MACD 指標底背離，能量潮喇叭口擴大，這股就要漲了。』」

「我很驚訝地問：『這個你也懂？』乞丐說：『就是因為懂這個，我才有了今天。』」

這只是笑話一則，不過也點出了一般投資人常碰到的盲點。稍微認真分析一下，這位乞丐先生是在關注一檔空頭的股票。雖然不知道這檔是短空、中空或長空，但是從 KD 指標低檔鈍化、MACD 指標背離來判斷，這檔股票應該至少已經跌了 30% 以上。

像這種處於中長線空頭，且仍續跌的股票，若是沒有經過反覆打底，純粹依賴指標做判斷，其實是相當危險的。

接著是成交量的部分，底部通常會爆量，但是爆量不一定是底部，所以只憑藉爆量判斷底部也是有其風險的。

當中還提到喇叭口擴大，基本上，不管是圖形學派或指標學派，很多技術分析工具都有提到各自喇叭口的應用。不過，若只用單一指標來做買賣判斷，失敗機率一定很高。

最後要注意的是，不管是技術指標背離或鈍化，都只是

超跌現象，並不代表止跌。對於經歷長空的股票，一定要等到它止跌、出現上漲動能，才能考慮進場；如果能搭配籌碼面和基本面，則會更加安全。中長空股票本來就不能亂搶，多頭做多，空頭做空，盤整不做，這是最基本的紀律。

從這個故事可以知道，問題不在於技術分析有沒有用，而是有沒有掌握到技術分析的要領，做出正確決策；若掌握不到要領，還重壓資金，又沒做好風險控管，甚至使用財務槓桿，傾家蕩產是意料之中的結果。

技術分析絕對不只是事後諸葛，它具備一定的預測準確度。而且在我的認知裡，根本不存在「學習技術分析有沒有用」的問題，我反而認為這是股市中人人必學的基礎常識，否則不會有這麼多人著書立論，甚至傳承百年。

奠定扎實基礎再開始投資

學藝不精，卻反過來懷疑技術分析的有效性；這就很像一個讀書不用功、考試考不好的學生，不檢討讀書方法和自己的態度，卻反過來說讀書是沒用的。

　　當然，要讓學技術分析有用處，還是得具備一些條件，以及不同階段的系統性學習。技術分析也有程度之別，如同圍棋和各種武術有段數之分。段位制度最早出現於日本現代圍棋，由江戶時代著名棋士本因坊道策所創，以區別棋手水準的高低之用；之後柔道、劍道、弓道、空手道、跆拳道等武術都分別仿效建立，時至今日，段位制度已被許多武術系統應用。

　　但是股市技術分析並沒有建立這樣的機制，大家多是看書或上課，一邊學一邊實戰交易，然後慢慢摸索。實際投資時則常常出現問題，這其實是有原因的。假如將技術分析這項專業，從初階到高階分為 1 段到 10 段；而正常情況必須學到 4 段以上才能上場實戰，但是多數人可能只學了 1 段、2 段，甚至只是草草地瀏覽技術分析書籍，便宣稱自己學過技術分析，並且開始進行交易，自然屢戰屢敗。接著，開始否定技術分析這門專業，甚至將它汙名化。

　　我認為，技術分析領域，一定要有一套扎實的學習過程（詳見圖 1）。投資人常常犯的毛病，就是希望靠單一工具解決交易問題，實務上卻常常碰壁，那就證明單一方法

圖1 技術分析分為4個學習目標

技術分析學習過程

初階目標	進階目標	高階目標	終極目標
◎正式開戶	◎多根K線用法	◎初升段操作	◎回測檢驗
◎證券市場認知	◎趨勢、位階、	◎主升段操作	◎實戰檢驗
◎K線與K線圖	型態	◎末升段操作	◎資產配置
◎價量關係	◎其他輔助技術	◎頭部操作	◎獨立投資人
◎均線與趨勢線	指標	◎初跌段操作	◎成熟交易系統
◎型態理論	◎景氣循環	◎末跌段操作	◎建立投資架構
◎KD與MACD	◎均線扣抵	◎底部操作	◎年度穩定獲利
◎基本分析	◎葛蘭碧8大法	◎高階投資心法	◎增加收入
◎籌碼分析	則	◎高階投資策略	◎資金活化
◎投資心法	◎名人投資心法	◎解盤練習	◎財富自由
◎投資策略	◎目標價估算法	◎模擬交易	◎達成退休目標
	◎消息面判讀		
	◎完整交易系統		
	◎紀律停損		

跟工具是不足的，否則就不會有這麼多前輩，一直發明新的指標或工具，來優化前人的交易系統。

　　眾多的技術指標根據有其重疊和互補性，必須要把這一個環節弄清楚，技術分析才會大躍進，不然只會一直原地踏步，也難以將技術分析作為成功獲利的工具。

5-2 釐清常見3大迷思 成為專業成熟的投資人

乍看之下，一般投資人和專業投資人，好像都在做同樣的事情——買賣股票賺價差；但是，本質上有很大的不同，否則為什麼專業投資人能賺大錢，而一般投資人卻老是賠錢呢？

因為在股票的一買一賣之間，蘊藏了很深的學問。傳統的專業領域，多是單一的知識，例如語言、數學、法律、醫學、物理學、化學等，要成為佼佼者，只要意志夠堅定，願意花時間苦讀，都有機會學有所成。投資則是一種綜合型的學問，除了需要扎實的專業知識，也需要有成熟處理問題的能力，更重要的是強大的心理素質，才能成為一位專業成熟的投資人：

專業成熟的投資人＝
專業知識 × 綜合策略 × 風險控管 × 心理素質

投資看似只是「買在低點，賣在高點」如此簡單的事情，但是判定買價與賣價的過程中，所需要用到的工具、理論、專業、知識是非常龐雜的。如同外人只看到海面上露出冰山的一小角，卻看不到底下有更為龐大的冰山主體。因此，想要靠自己掌握股票的買賣點，勤奮的充實自己絕對是不可或缺的要件。

而投資新手的學習過程，難免會遇到一些困惑，以下帶大家釐清 3 項常見的迷思：

迷思1》股價崩跌時急著找原因

股價崩跌時，就會有投資人一直急切的詢問：「發生什麼事了？」

我想先分享一個佛教的小故事。釋迦牟尼有一個門徒，非常喜歡思考，尤其是關於「十四難（註1）」的問題，而「十四難」是釋迦牟尼不予解釋的問題。但是這個好奇的門徒忍不住再次追問「十四難」的答案，若再得不到回答，就要選擇離開。

釋迦牟尼感慨地說：「你真是愚痴！生、老、病、死的問題才是當務之急。至於你問的十四難，只是無意義的辯論而已，對於實際的解脫煩惱而言，一點幫助也沒有。」

釋迦牟尼比喻，如果有一天有人被毒箭射中了，親人急著幫他找醫生取出毒箭治療，但是這個人卻拒絕，要求先知道醫生姓什麼？住哪裡？還要問清楚身上的箭是用什麼樹木造的？什麼人製作的？弓是什麼材質？箭上的毒藥是什麼？……這位中箭受傷的人，非要等到問清全部的問題，才肯接受治療。

這時，釋迦牟尼反問他的門徒：「可不可以等到全部問題問完了，才拔箭上藥啊？」門徒不假思索地回答：「不可以。如果等到那個時候，早就毒發身亡，命喪黃泉了。」

這個故事告訴我們，有時候，不是不去追求真理，問題在於，那不是目前最迫切的事情。投資股市也一樣，當股

註 1：《大智度論》中記載「十四難」，傳至中國又翻成「十四無記」，是釋迦牟尼曾提出的一系列的哲學問題，包括「世界是否恆常？」「世界是否有邊際？」「佛死後會繼續存在嗎？」等，因為沒有正確解答、沒有益處，因此釋迦牟尼不予回答。

價崩跌,最急迫的不是探求原因,而是要對股價下跌做出反應。

比方說,盤中已經出現爆量長黑,或是跳空帶大量,跌破關鍵支撐價位,就像毒箭射過來,我們要做的是先閃避,而不是到處問原因。船都要沉了,不趕快跳船,還在找沉船的原因是最危險的。

迷思2》把長線投資和套牢混為一談

常常有投資人問,為什麼以技術分析的交易週期這麼短?短進短出賺價差,原本就是技術分析投資的特色。只是交易週期仍有分別,這跟每個人的習慣和長處有關,有人喜歡極短線(當沖或隔日沖),有人喜歡做波段,沒有規定一定非走哪一種路線不可,只是必須使用最適合自己的操作模式。

以我個人來說,持有一檔股票的時間多是1個月~1個半月,假如超過這個期間,股價並未漲到停利點,也沒有跌到停損點,同時也缺乏繼續持有的理由,我還是會放棄

持有，另尋新標的。

難道沒有做長一點的方法嗎？當然也有，例如將技術面結合產業面、基本面，找到一檔長多格局的個股，持有過程中設定移動式停利，只要不跌破中長線的支撐就繼續持有，就有機會釣到大魚。

然而，不少散戶根本分不清楚自己用什麼交易系統，只是習慣在網路、電視、雜誌、友人口中找明牌，然後憑藉著第六感買進，每天只注意股價和未實現損益的變化。既沒有經過嚴謹的選股過程，更不懂得看技術分析線型、籌碼，最多只是看看新聞或打聽消息。幸運一點，漲了就賣掉，賺幾個便當錢；運氣不好就套牢，更慘的是選錯股票向下攤平，日漸放大虧損。

這類型的投資人，一開始根本也不是要長線投資，不知道為何買？更不知道何時買、何時賣？原本打算做短線、賺價差，不知不覺就變成做長線、領股息。這種的長線投資並非有意義的長期投資策略，單純只是不知道怎麼處理虧損的股票罷了。壞習慣長期以來就這樣養成，一檔接一

檔買，然後日積月累，變成一籃子股票，也沒有因此累積到財富。

　　其實這種行為跟減肥行為很相似，大家都知道勤運動和節制飲食，是減肥的終極方法，但是因為嫌麻煩、懶得做，所以總是半途而廢。少數人會吃藥、吃偏方、做抽脂手術，終究治標不治本。短暫的減肥效果過去之後，不但會復胖，還有可能比減肥前更胖。

　　大家一定知道，要擁有長期穩健的投資獲利是沒有捷徑的，無非要從成功者的經驗學習投資知識與方法，再搭配紀律。因為需要付出大量心力，所以嫌麻煩的人就會賺不了錢；少數人則迷信一些神奇的付費軟體、號稱必勝的單一指標、舌燦蓮花的名嘴或毫無根據的消息，就算偶爾能賺到錢，終究也是一時的，無法幫助你創造豐厚且長久的獲利模式。

　　所有能長期在股市獲利的投資人，一定會嚴謹的建立「投資系統」，把投資當成事業，進退有序，且一定相當用功且勤奮，沒有人是不勞而獲。有對等的付出，才能夠賺取

超額報酬。

迷思3》把僥倖賺錢當成投資祕訣

還沒有建立成熟投資系統的初學者，剛開始進場時，一定是有賺有賠。而許多人通常會以賺或賠，來評斷該次交易是否成功。

要謹記，有時候賺錢獲利，並不等於方法對，而交易賠錢，也不見得等於方法錯誤，有時還是會參雜一點運氣成分。要客觀的看待交易過程是否正確，有時必須把運氣也考量和記錄進去。

例如某檔跌深的股票，你既沒有做基本面、技術面、籌碼面的研究，沒有任何明確的進場依據，單純只是覺得跌得夠深就分批買進，結果卻獲利出場。

賺錢是好事，卻不見得能繼續複製同樣的方法。你必須為這次交易做出誠實的紀錄：「獲利原因：運氣好，下不為例。」因為，下次不見得會這麼好運。

反過來，倘若基本面良好、題材面對、籌碼很集中、法人大買，而且所有技術指標都對，並出現技術面的買點，此時決定買進，結果卻出現假突破然後拉回，之後持續下跌，於是這次交易就虧錢了。

難道這表示投資方法錯誤嗎？也不見得。例如，虧損原因其實是當時出現大型系統性風險，所有股票都下跌，陷入空頭走勢，這就不是事前能夠準確預測的。這種非戰之罪，也要在自己的筆記中記下：「虧損原因：運氣不好，遇到系統性風險，下次需要設好停損，控制虧損程度。」

運氣不好的情況，應該不會頻繁出現，如果真的常常運氣不好，就要好好檢討，投資邏輯是否真的出了什麼問題？

那麼，又要如何確認自己的投資模式正確？唯有多累積經驗，用實戰驗證，並真誠地面對自己，記錄賺賠、檢討原因。如果能在長期交易紀錄中，累計交易 100 次，70次賺錢，30 次賠錢，大致上就可以確認目前的投資邏輯是正確的。甚至能達到每年結算時，不論當年是多頭或空頭，連續 3 年以上都能年年賺錢，更可以進一步確認已建立了

成熟的投資模式。

　股市最大的戰場是在內心，最大的敵人是自己。明明學習投資時信心滿滿，實戰交易時卻容易亂套，差別就在於能否保持「理性」。不管是學基本分析、籌碼分析或技術分析，在還沒有拿錢出來投資時，都只是靜態的思考，也能夠理性的分析。

　一旦實際進入現金交易的情境，動態的股價漲跌，牽動著賺賠數字，也牽動著貪婪和恐懼，情緒和壓力更會瓦解原本的理性，彷彿走入迷宮，找不到方向，這都是正常的。只有持續地累積實戰經驗，從錯誤中學習，記取教訓，才有機會找到正確的途徑，邁向成功的康莊大道。

你還在追尋股市裡的聖杯嗎？

　　根據《聖經》記載，耶穌受難前，吩咐 11 個門徒，喝下裡面象徵耶穌血液的紅葡萄酒。後來很多傳說，相信這個盛裝紅酒的杯子，具有某種神奇的能力，如果能找到這個聖杯，喝下聖杯盛裝的水就能返老還童、死而復生，甚至獲得永生。

　　這個觀念不僅廣泛延伸到文學、影視、遊戲等作品；在股市投資領域，很多人也相信存在這樣的聖杯，相信有一個這樣的老師（或是某一個理論、交易工具、電腦軟體……），能夠幫助自己戰無不勝。

　　因此，長期執著於尋找聖杯，不停穿梭在各大演講、股市補習班，甚至是投顧會員等。一段時間後，發現這個老師不準，就換下一個老師，如此不斷循環，最後沒有一個老師是他喜歡的，或是信任的。

　　這一類投資人，正在犯下一個錯誤，他們相信有一個方法能夠準確預測未來。投資股市，某種程度就是在預測未來。但是，你難道真的相信，除了神，以及搭乘時光機從未來穿越到現在的人，真有人可以百分之百知道未來的具體面貌嗎？

　　10 次預測，有 7 次準確，長期來看已經是高手。但是，那 3 次的不準確，很可能就會失去觀眾與學員的信任。不管是投資老師、投顧老師、分析師……，都只是凡人，本來就不應該過度的神話。

　　只要是關於未來，永遠都有猜測的成分，就算方向正確，我們也無法預知過程中會遇到什麼突發事件；一個小事件，都有可能對未來產生蝴蝶效應，原本的預測就要再根據新的現實去做修正。

　　因此，不需要過分追求有百分之百準確的老師或投資工具。他們可能可以給你初步的指引，然而想讓投資成為你的賺錢利器，就得將你學到的知識，全然吸收為自己的方法才行。

　　我也會向許多前輩與高手討教，並且從中獲得豐富的投資知識與啟發。不過，實務交易時，所執行的策略、獲得的賺賠經驗，事後的檢討與修正，都是屬於自己獨一無二的珍貴教材。

　　如果長期觀察我解盤，一定不會聽到我引述他人的預測，並非我不參考其他人的看法，而是當我認同他人的看法之後，接下來如何解讀這些看法，或是否要運用在自己的投資行為上，自己就要擔起成敗責任。

　　所以當我聽到有人說，都是聽了某某人的話害他賠錢，我心裡總是搖搖頭，這是很不成熟的想法，這種人也肯定很難在股市賺錢。

　　不要依賴別人，也不要歸咎別人，因為沒有人拿槍頂住你的頭，逼你買或逼你賣。沒有自己的定見和方法，能夠賺錢是僥倖，虧錢可別怪別人，只能怪自己技不如人。

　　當你做多，就是預測未來一段時間股價會上漲，準不準確，不是股市長期致勝的關鍵；真正的關鍵是，預測準確

的時候你該做什麼？不準的時候你又該做什麼？必須具有
獨立的思考和判斷能力，你才會懂得何時該修正，才是能
長期在投資市場獲利的根本。

楊忠憲

國家圖書館出版品預行編目資料

專買黑馬股出手就賺30% / 楊忠憲著. -- 一版. -- 臺
北市：Smart智富文化, 城邦文化, 2020.03
　面；　公分
ISBN 978-986-98244-7-7(平裝)

1.股票投資 2.投資技術 3.投資分析

563.53　　　　　　　　　　　　108022937

Smart 智富
專買黑馬股　出手就賺30%

作者	楊忠憲
企畫	黃嫈琪

商周集團
執行長	郭奕伶
總經理	朱紀中

Smart 智富
社長	林正峰
總編輯	劉 萍
總監	楊巧鈴
編輯	邱慧真、施茵曼、王容瑄、張乃偵、陳婕妤、陳婉庭
資深主任設計	張麗珍
版面構成	林美玲、廖洲文、廖彥嘉

出版	Smart 智富
地址	104 台北市中山區民生東路二段 141 號 4 樓
網站	smart.businessweekly.com.tw
客戶服務專線	（02）2510-8888
客戶服務傳真	（02）2503-5868
發行	英屬蓋曼群島商家庭傳媒股份有限公司城邦分公司

製版印刷	科樂印刷事業股份有限公司
初版一刷	2020 年 03 月
初版五刷	2022 年 09 月
ISBN	978-986-98244-7-7

為了提供您更優質的服務，《Smart 智富》會不定期提供您最新的出版訊息、優惠通知及活動消息。請您提起筆來，馬上填寫本回函！填寫完畢後，免貼郵票，請直接寄回本公司或傳真回覆。Smart 傳真專線：（02）2500-1956

1. 您若同意 Smart 智富透過電子郵件，提供最新的活動訊息與出版品介紹，請留下電子郵件信箱：

2. 您購買本書的地點為：☐超商，例：7-11、全家
　　　　　　　　　　☐連鎖書店，例：金石堂、誠品
　　　　　　　　　　☐網路書店，例：博客來、金石堂網路書店
　　　　　　　　　　☐量販店，例：家樂福、大潤發、愛買
　　　　　　　　　　☐一般書店

3. 您最常閱讀 Smart 智富哪一種出版品？
☐ Smart 智富月刊（每月 1 日出刊）　　☐ Smart 叢書　　☐ Smart DVD

4. 您有參加過 Smart 智富的實體活動課程嗎？　☐有參加　　☐沒興趣　　☐考慮中
或對課程活動有任何建議或需要改進事宜：

5. 您希望加強對何種投資理財工具做更深入的了解？
☐現股交易　　☐當沖　　☐期貨　　☐權證　　☐選擇權　　☐房地產
☐海外基金　　☐國內基金　　☐其他：

6. 對本書內容、編排或其他產品、活動，有需要改善的事項，歡迎告訴我們，如希望 Smart
提供其他新的服務，也請讓我們知道：

您的基本資料：（請詳細填寫下列基本資料，本刊對個人資料均予保密，謝謝）

姓名：	性別：☐男 ☐女
出生年份：	聯絡電話：
通訊地址：	

從事產業：☐軍人 ☐公教 ☐農業 ☐傳產業 ☐科技業 ☐服務業 ☐自營商 ☐家管

您也可以掃描右方 QR Code、回傳電子表單，提供您寶貴的意見。

想知道 Smart 智富各項課程最新消息，快加入 Smart 自學網 Line@。

● 填寫完畢後請沿著右側的虛線撕下。

104 台北市民生東路 2 段 141 號 4 樓

廣 告 回 函

台灣北區郵政管理局登記證

台北廣字第 000791 號

免 貼 郵 票

行銷部 收

●填寫完畢後請沿著左側的虛線撕下。

●請沿著虛線對摺，謝謝。

Smart 智富

書號：WBSI0092A1
書名：**專買黑馬股　出手就賺30%**